魏晋南朝九卿研究

杨晓东 著

郑州大学出版社

图书在版编目(CIP)数据

魏晋南朝九卿研究／杨晓东著.— 郑州：郑州大学出版社，2023.4
ISBN 978-7-5645-9307-0

Ⅰ.①魏… Ⅱ.①杨… Ⅲ.①九卿-研究-魏晋南北朝时代 Ⅳ.①D691.42

中国版本图书馆 CIP 数据核字(2022)第 235993 号

魏晋南朝九卿研究
WEI JIN NAN CHAO JIUQING YANJIU

策划编辑	李勇军	封面设计	孙文恒
责任编辑	孙精精	版式设计	孙文恒
责任校对	王晓鸽	责任监制	李瑞卿

出版发行	郑州大学出版社(http://www.zzup.cn)
地　　址	郑州市大学路 40 号(450052)
出 版 人	孙保营
发行电话	0371-66966070
经　　销	全国新华书店
印　　刷	河南普庆印刷科技有限公司
开　　本	890 mm×1 240 mm　1 / 32
印　　张	7.25
字　　数	148 千字
版　　次	2023 年 4 月第 1 版
印　　次	2023 年 4 月第 1 次印刷
书　　号	ISBN 978-7-5645-9307-0　　定　价　45.00 元

本书如有印装质量问题，请与本社联系调换。

目 录

绪 论 / 1

第一章 魏晋南朝九卿总论 / 12
第一节 汉代九卿概述 / 12
第二节 魏晋时期的尚书台 / 19
第三节 西晋尚书与九卿的关系 / 26
第四节 东晋时期九卿的省并及恢复 / 32
第五节 南朝时期的尚书与九卿 / 44

第二章 魏晋南朝的太常(附宗正) / 58
第一节 魏晋南朝的太常 / 60
第二节 魏晋南朝的太常机构 / 71
第三节 魏晋南朝的宗正 / 85
附 考 两晋南朝的国子学 / 89

第三章 魏晋南朝的光禄勋(附廷尉) / 96
第一节 魏晋南朝的光禄勋 / 98
第二节 魏晋南朝的光禄勋机构 / 105
第三节 魏晋南朝的廷尉 / 116

第四章　魏晋南朝的少府（附大司农）　/ 120

　　第一节　魏晋南朝的少府　/ 122

　　第二节　魏晋南朝的少府机构　/ 126

　　第三节　魏晋南朝的大司农　/ 138

　　附考一　魏晋南朝的左、右校及材官校尉　/ 147

　　附考二　魏晋南朝尚方机构考述　/ 155

　　附考三　魏晋南朝御府机构考述　/ 158

第五章　魏晋南朝的太仆（附大鸿胪）　/ 163

　　第一节　魏晋南朝的太仆　/ 165

　　第二节　魏晋南朝的大鸿胪　/ 170

　　附考一　魏晋南朝的骅骝厩　/ 175

　　附考二　魏晋南朝的车府令　/ 179

　　附考三　魏晋南朝的乘黄令　/ 184

第六章　魏晋南朝的卫尉　/ 191

　　第一节　魏晋时期的卫尉　/ 193

　　第二节　南朝时期的卫尉　/ 198

　　附　考　魏晋南朝的武库　/ 202

结　语　/ 208

参考资料　/ 213

后　记　/ 225

绪 论

一、选题缘起

两汉时期的九卿地位尊崇,他们是中央各部门的首长,不仅负责具体政务及事务的执行(包括文化、教育、经济、财政、外交及禁卫工作),甚至可以绕过丞相直接参与中枢决策,或者可以通过汉代经常举行的公卿集议制度参政议政。汉代九卿有辟举本机构掾属的权力,还可以根据国家诏令定期或不定期地荐举人才,掌握有较重的人事权。此外,公卿府的掾属比其他官府的掾属在仕途方面也更为优顺,往往可以谋得佳位,是汉代仕进之重要途路。

但到魏晋南北朝时期,尚书、中书、门下三省建立,决策机构和行政职能机构逐步分离,形成了两套各具实权的职官体系。汉末魏初,中书省的长官中书监、令掌诏令,典文书,成为皇帝的"机要秘书";稍后,侍中寺也从少府中独立出来，成立门下省，其长官侍中、黄门侍郎，掌规谏，司进御，相当于皇帝的"机要参谋"；于是中书和门下共同形成以皇帝为核心的决策集团，取代了所谓三公辅佐皇帝决策机要的体制。而尚书台在这一时期则总理行政，它下辖的吏曹、度支、客曹、五兵、都官等曹尚书，分行庶务，从而分割侵夺了九卿的政务职能，使其逐步向事务官转变。

如汉代光禄勋主宫殿掖门户的宿卫，与卫尉共同构成整个皇宫内部的警卫体系；此外光禄勋机构还负责诸郎官的考核，是汉代后备官员的储才之所，地位非常重要。魏晋以来，由于中央新的宿卫系统逐渐形成，光禄勋失其职司；同时由于九品中正制逐步确立，两汉以征辟察举为中心的选官制度开始转变为由中正品第、吏部铨选而入仕，光禄勋所统的三署机构在曹魏时期已不复存在，光禄勋之地位进一步衰落。在机构设置上，两汉时期少府服务皇室及后宫内务的机构魏晋时期多转归光禄勋，光禄勋取代少府成为皇室内务及后宫事务的主管，性质发生重大变改。

又如卫尉，西汉时期"掌宫门卫屯兵"及"宫中徼循事"，还统领南军负责京师宿卫。而在汉魏之际，卫尉失去其宿卫职能，地位低落，基本上成为主管冶铸的闲职。西晋时期，卫尉尚"领冶令三十九，户五千三百五十"，但诸冶皆处江北，"江南唯有梅根及冶塘二冶，皆属扬州，不属卫尉"，因此渡江之后卫尉职无所司，最早被省废。

还有大司农，东汉时期主管国家财政，负责全国钱谷、金帛的征收和支付。举凡国家财政收支、军国用度等均属大司农职权管辖范围。但自魏以来,尚书职权增大,特别是魏文帝设度支尚书之后,司农职权多被度支和田曹取代,大司农基本沦为国家仓储的主管。

又如太仆,汉代太仆既掌车驾,又兼管马政;内则供天子出行,外则于边郡置牧师苑等马牧机构,以供军国戎祀之用。西汉时期曾在河西六郡设三十六苑,有官奴婢三万人,养马三十万匹,规模之大可以想象。但魏晋特别是东晋以来,由于江左马源及牧区的缩小,太仆一职,"晋江左或置或省,宋以来不置。郊祀则权置太仆执辔,事毕即省"。其地位在可有可无之间。

魏晋时期,九卿机构变化最大的当属少府。首先,尚书台从少府中分离成为独立机构;其次,中书及秘书从少府中分离成为独立机构;再次,门下众官从少府中分离;最后,御史台从少府分离成为独立机构。在这种背景下,魏晋时期的少府基本沦为官府手工作场的管理者,负责各项手工业品制造,而汉代少府服务皇室杂务及后宫事务的机构魏晋时期多转属光禄勋,以致魏晋时期光禄勋取代少府成为皇宫内务总管。

以往对魏晋南北朝中央行政中枢的研究多集中在三省制度的形成以及宰相机构的变化等方面,即便是对诸卿有所申述和阐释,也多从这两个角度出发。把诸卿本身作为单独的课题来研究,在学术界尚未见有此方面的成果。其实这时期诸卿本身有很多值得研究的地方，如九卿职掌和地位的变化；九卿下属机构的具体职掌及其分合变迁；尚书主政令、卿寺主事务格局于何时定型；梁武帝天监年间设置十二卿究竟意义何在；等等。这些都是本书要予以深入探讨的部分，也正是本书选题意义之所在。

二、研究综述

深入了解秦汉时期九卿的职掌地位及机构是本书展开的前提和基础，而有关秦汉时期九卿研究的成果非常丰富。陶希圣、沈巨尘和曾资生等先生是较早对秦汉时期的九卿作大纲式描述的。而徐复观先生曾在20世纪70年代对三公九卿制度的渊源及其由观念中的官制向实际官制的演变过程作了精彩的分析①。在此基础上，卜宪群先生又作了进一步申述，在其所著《秦汉官僚制度》中专列一章予以介绍，他认为秦及西汉初年既无九卿制，也无将中央部分官僚视为九卿的说法，九卿只作为儒家学说的理论存于思想当中。文景以后始将中央部分高级官吏泛称为九卿，非特指九人，其秩次既有中二千石也有二千石。西汉末年在儒家思想影响下九卿有向实际政制转变之趋势。至王莽时确定了九卿九职的制度，

---

① 徐复观：《两汉思想史》（第一卷），华东师范大学出版社，2001年版。徐先生《两汉思想史》卷一曾于1972年3月由新亚研究院出版，当时名为《周秦汉政治社会结构之研究》。

此制度为东汉所继承。东汉九卿是专称而非泛指，秩次为中二千石。此外，他还研究了九卿与皇权、中枢的关系。

安作璋、熊铁基两位先生所著的《秦汉官制史稿》中第二章《列卿》部分是研究秦汉卿官最为重要的成果，他们着重于列卿的渊源、职掌，特别是对诸卿机构的考述，精辟严谨，且附以表格，使本书获益匪浅。而由白钢主编、孟祥才著的《中国政治制度通史·第三卷 秦汉》第四章《中央行政体制》对秦汉九卿也有一些独到的见解。

有关魏晋南北朝九卿的研究，楼劲先生在20世纪80年代所写的《汉唐诸卿沿革发微》一文从宏观上概括了汉唐间诸卿的变化及原因，文中说，"省闼机构楔入公卿体制，从而演成以三省为主导的新体制，是秦汉至隋唐中央政制的一大变局"，而造成这一变局的原因是事权的变动引起外部机关的变动，前者为后者之主导，后者又催驱前者；从而新体制从旧体制内部逐渐长出，破与立这两个环节衔接得相当自然。楼先生的文章是这一领域最早也是非常重要的成果，影响很大，但楼文为单篇论文的容量所限，偏重于总体的鸟瞰，细致的考证稍显不足。90年代初，陈仲安、王素两先生所著的《汉唐职官制度研究》在对魏晋南朝三省制度形成的过程当中，尚书机构与九卿寺监的关系进行了探讨。他们认为魏晋时期，尚书机构不仅取代三公主政务，也取代了九卿主事务，如何处理尚书机构与卿监的关系，是当时所面临的难题。当时出现的三种意见中，以理顺尚书与卿监的关系，尚书完全继承丞相之职，形成尚书九卿制，以取代秦汉丞相九卿制最为合理，但由于当时三省制尚未完全形成，尚书省还不是真正的宰相机构，缺乏取代丞相九卿制、形成尚书九卿制的条件。因此到隋唐时期，尚书专主政务，卿监专主事务的格局才明朗化。他们所提出的这一观点是现在学术界的主流观点。后来由白钢先生主编、黄惠贤先生所著的《中国政治制度通史·第四卷 魏晋南北朝》又有专节介绍魏晋南北朝时期的九卿，其研究详细而且精准，黄先生还着重梳理了这一时期九卿下属机构的变迁，具体而微，对于研究魏晋南北朝九卿的职掌及机构变化有筚路蓝缕之功。

此外，在研究魏晋南北朝政治史及政治制度的专著中有些也涉及了九卿领域，如吕思勉的《两晋南北朝史》，曾资生先生所著的《中国政治制度史》第三册《魏晋南北朝》，沈任远先生所著的《魏晋南北朝政治制度》等书。

在对个别卿官的研究著述中，何兹全先生《读史集》中《魏晋的中军》一文，讨论了两汉魏晋时期中央禁卫军系统的变化，对于魏晋南北朝卫尉及光禄勋的研究帮助很大；张金龙先生的《魏晋南北朝禁卫武官制度研究》一书更加详细地研究了整个魏晋南北朝时期卫尉和光禄勋的地位及职掌，张先生还有《南朝卫尉及其职掌考述》的单篇论文。由于关注领域的局限，这两位先生的研究中涉及卫尉及光禄勋机构的成果并不多。黎虎先生的《汉唐外交制度史》一书，对于魏晋南北朝时期大鸿胪的研究非常全面具体，不仅阐述了这一时期尚书主客曹与鸿胪寺的关系,也对尚书主客与鸿胪寺机构进行了考证,还提到了鸿胪官员任职条件及其地位变化,这也是本书略于鸿胪卿的原因。此外,唐长孺先生所著的《魏晋南北朝史论丛续编》中的《魏、晋至唐官府作场及官府工程的工匠》一文、西嶋定生先生的《中国经济史研究》、傅筑夫先生的《中国封建社会经济史》(第三卷)、高敏先生的《魏晋南北朝经济史》、刘淑芬先生的《六朝的城市与社会》,以及赵德馨先生主编、师何德章著的《中国经济通史》(第三卷)中,积累了很多魏晋南朝时期手工业、畜牧业、经济状况及财政体制方面的研究成果,其中也有不少方面涉及少府、大司农、太仆及太府卿。

需要强调的是,祝总斌先生的《两汉魏晋南北朝宰相制度研究》及王素先生的《三省制略论》两书,在研究魏晋南北朝中枢政体方面取得了重要成果,对于研究这一时期尚书机构与九卿寺监的关系方面不可或缺。阎步克先生的《察举制度变迁史稿》及其另一部著作《品位与职位——秦汉魏晋南北朝官阶制度研究》,汪征鲁先生的《魏晋南北朝选官体制研究》等著述,对魏晋南北朝的九卿研究在宏观或微观层面上也有所涉及。

三、结构及研究思路

本书共分为六章。第一章主要叙述两汉到魏晋时期,九卿地位及权力的变化。两汉时期九卿地位重要的原因在于：首先，中枢行政制度上，实行三公九卿制，九卿作为中央政府各部门之首长，政务事务性质兼有，既可以参政议政，又拥有政务事务的执行权。其次，汉代在选官制度上实行征辟察举之制，九卿作为中央政府的大僚，拥有辟举掾属及荐举人才的权力，这对于当时士人之晋身来说是非常重要的途路。魏晋时期九卿地位衰落的原因在于：首先，三省制度在形成过程中，尚书机构侵夺分割了卿官的行政职能及一部分事务职能，卿官处于听令状态，逐渐失去参政议政的机会。其次，选官制度的变化也使卿官丧失绝大部分的人事权。第一章还对两晋南朝时期尚书机构与诸卿寺监的关系进行了分析。由于两晋以及南朝宋、齐时期尚书机构本身就处在不断的调整和完善当中，其与诸卿寺监的关系也经常出现波动，改革者或主张废九卿而专以尚书理政，或主张尚书"制断"而以诸卿"奉成"；而等到南朝齐、梁时期尚书机构逐步成熟完善的时候，尚书机构与诸卿寺监的关系开始明朗化，同时也逐步形成尚书主政令、卿监主事务的格局。

从第二章开始，对魏晋南朝的九卿进行一一介绍。第二章主要对魏晋南朝时期太常的职掌及太常机构进行考察。整个魏晋南朝时期，太常"职奉天地，兼掌宗庙"，且"位为上卿"，因此在人选上需简选时望，并兼儒雅者以任职；在机构设置上，虽历代皆有增减，但掌礼、掌乐，统诸陵庙及掌管教育的机构并无变化；梁武帝天监改制后，以太常为春卿，新增北馆、典客馆等与外交事务有关的机构，又统乘黄令以掌天子之车辂，机构有所增扩。

宗正主要管理皇室宗族和外戚事务，两汉及曹魏皆以皇族为之，西晋则兼以庶姓，这也能说明宗正地位的下降；东晋时期，桓温主政，以宗正并入太常。南朝宋、齐皆不置宗正；梁武帝天监七年（508年），虽复置宗正，为春卿，"主皇室外戚之籍"，以宗室为之，但也多以他官兼、领。因此一并放入第二章叙述。西晋武帝时期设立的国子学对后世影响较大，则作为附考单独介绍。

第三章主要对魏晋南朝时期光禄勋的地位及光禄勋机构进行考察。两汉时期光禄勋地位显赫，"总领从官，与闻政事"，为宫内总参谋；而魏晋以来，光禄勋不复居禁中，亦不统三署郎，唯外宫朝会，则以名到。在机构设置上，两汉时期少府服务皇室及后宫内务的机构魏晋时期多转归光禄勋，光禄勋取代少府成为皇室内务及后宫事务的主管，性质发生重大变改。

西汉时期，廷尉既掌刑狱，又掌刑律；但东汉时期尚书机构有三公曹主断狱，又有二千石曹主辞讼，魏晋时期，尚书有定科郎，主定科令；虽魏晋南朝时期廷尉卿被列入"职不可缺"的两卿之一，但亦仅掌牢狱事务，其属官律博士也掌科律的传授，地位相对下降，且下属机构较少，因此附于光禄勋一章一并介绍，同时对光禄勋机构作重点介绍。

第四章主要对魏晋南朝时期少府及大司农的职掌及机构

进行考察。两汉时期,少府主要负责皇室日常生活及后宫事务,其官属众多机构庞大。而在汉魏之际,"文属"性质的尚书、中书以及门下众官、御史台先后从少府中分离成为独立机构,使得魏晋时期的少府基本沦为官府手工作场的管理者,其性质也发生很大变化。

大司农,东汉时期主管国家财政,负责全国钱谷、金帛的征收和支付。举凡国家财政收支、军国用度等均属大司农职权管辖范围。但自魏文帝设度支尚书之后,司农职权多被度支和田曹取代,大司农基本沦为国家仓储的主管,甚至梁武帝天监改革之后,大司农又兼管皇家的游乐场所。这一时期大司农机构较单一,因此附于少府一章一并介绍。同时由于史籍对这一时期左、右校的记载较为混乱,而尚方和御府机构也有诸多变化,则作为附考单独介绍。

第五章主要对魏晋南朝时期太仆和大鸿胪的职掌及机构进行考察。太仆在汉代主管马政,同时兼掌天子之车马。魏、西晋时期,太仆机构依然主管国家的畜牧业,东晋时期由于马源及牧区的缩小,太仆一职或置或省,南朝宋、齐不置,梁武帝天监七年(508年)复置。

东汉末期,尚书主客已基本分割了大鸿胪的政务职能,使其仅保留了一些礼仪性的职掌,魏晋南朝时期,大鸿胪掌导护赞拜,时置时省。东晋及南朝宋、齐时期,九卿中或省或置者太仆之外,还有大鸿胪,故合为一章叙述。同时对骅骝厩、车府令及乘黄令作单独考述。

第六章主要对魏晋南朝时期卫尉的职掌及机构进行考察。两汉时期卫尉主要负责守卫宫门及宫中巡逻，地位非常关键。魏晋以来，由于中央新的宿卫系统逐渐形成，卫尉渐成闲曹，成为掌冶之署；东晋立国江南，而诸冶多在江北，卫尉的存在意义有限，成为九卿中最早省废的一个。但南朝刘宋时期，为重城禁，复置卫尉，且此后卫尉的地位重新重要起来，原因在于其取代了汉代城门校尉的职能，与其他诸卿稍有不同，因此单列一章。并附考魏晋南朝时期的武库。

每一章节介绍卿官之前，都对其在汉代的职司地位及机构进行简要的追溯，这样便于看出其变化，能够更好地说明问题。

第一章　魏晋南朝九卿总论

第一节　汉代九卿概述

秦及西汉时期，中央行政中枢实行丞相制。丞相之下，置太尉和御史大夫，太尉不常置，御史大夫为"丞相之副"；丞相和太尉、御史大夫辅佐皇帝，决策机要，又分管政务、军事和监察。三者之下，是为列卿，丞相与列卿之间，有比较明确的迁升次序，"故事，选郡国守相高第为中二千石，选中二千石为御史大夫，任职者为丞相，位次有序，所以尊圣德，重国相也"①。列卿是当时中央各部门的首长，负责具体政务及事务的执行，包括文化、教育、经济、财政、外交及禁卫工作。西汉时期，九卿的提法多指位次而非实职，

---

① 班固：《汉书》卷八十三《朱博传》，中华书局，1962年版，第3405页。本书以下所引《汉书》皆出自此版本，不再一一注明。

"九卿"其实数不止九,并有正卿、外卿的说法①,此外,亦有称中二千石为卿者②,九卿只是存在于观念当中,并不代表当时实际政制中有这样的制度存在③。

作为泛称的九卿在西汉后期随着三公制的形成逐渐向实际政制转化,大体在王莽时期建立④,东汉时期三公九卿制度正式确立,三公在军政事务上面有明确分工,且三公下面各辖三卿,《通典》卷二十《职官二·三公总叙》记东汉三公九卿分职为:

> 太尉公主天,本注:部太常、卫尉、光禄勋;司徒公主人,本注:部太仆、鸿胪、廷尉;司空公主地,本注:部宗

---

① 东汉刘熙《释名》中认为汉置十二卿:"一曰太常,二曰太仆,三曰卫尉,四曰光禄,五曰宗正,六曰执金吾,七曰大司农,八曰少府,九曰大鸿胪,十曰廷尉,十一曰大长秋,十二曰将作大匠。"三国韦昭《辨释名》则提出汉有"正卿""外卿"之分:"汉正卿九:一曰太常,二曰光禄勋,三曰卫尉,四曰太仆,五曰廷尉,六曰鸿胪,七曰宗正,八曰司农,九曰少府,是为正卿。执金吾本为中尉,掌徼循官外,司执奸邪,至武帝更执金吾为外卿,不在九列。大匠次执金吾,长秋自皇后官,非天子卿员。"(见李昉等:《太平御览》卷二二八《职官部二十六·叙卿》,中华书局,1960 年版,第 1082 页)
② 《汉书》卷七十六《王尊传》载王尊为京兆尹,后免职,湖三老公乘兴等上书讼尊治京兆功效日著曰:"往者南山盗贼阻山横行,剽劫良民,杀奉法吏,道路不通,城门至以警戒。步兵校尉使逐捕,暴师露众,旷日烦费,不能禽制。二卿坐黜,群盗寖强,吏气伤沮,流闻四方,为国家忧。"如淳注曰:"三辅皆秩中二千石,号为卿也。"(第 3236 页)
③ 参徐复观:《两汉思想史》(第一卷),华东师范大学出版社,2001 年版,第 122—127 页;陈仲安、王素:《汉唐职官制度研究》,中华书局,1993 年版,第 1—18 页。
④ 卜宪群:《秦汉官僚制度》,社会科学文献出版社,2002 年版,第 119—142 页。

正、少府、司农；而分部九卿，盖多以九卿为之。

东汉九卿是专指而非泛称，秩中二千石，三公九卿虽然在制度上有较明晰的分工，但职无常守的现象普遍存在，列卿可以承皇帝的诏令，以本职兼领他职，也可以在两职或多职之间权责渗透①。九卿官署，汉代常称作寺②。

汉代九卿除掌握中央各部门政务及事务的执行权外，还可以直接参与中枢决策。《汉书》卷四十二《申屠嘉传》载："嘉为丞相五岁，文帝崩，孝景即位。二年，晁错为内史，贵幸用事，诸法令多所请变更，议以適罚侵削诸侯。而丞相嘉自绌，所言不用，疾错。"同书卷四十六《万石传》载庆为丞相，"是时汉方南诛两越，东击朝鲜，北逐匈奴，西伐大宛，中国多事。天子巡狩海内，修古神祠，封禅，兴礼乐。公家用少，桑弘羊等致利，王温舒之属峻法，儿宽等推文学，九卿更进用事，事不关决于庆，庆醇谨而已"。

即使汉武帝时期中外朝形成之后，九卿亦可以通过加官形式参与决策，如《汉书》卷八十一《孔光传》载光："后

---

① 韦庆远、柏桦编著：《中国政治制度史》，中国人民大学出版社，2005年版，第232页。

② 顾炎武在《日知录》卷二十八《寺》中考证说："'寺'字自古至今凡三变。三代以上，凡言寺者皆阍竖之名，《周礼》'寺人'注：'寺之言，侍也。'《诗》云'寺人孟子'，《易》之'阍寺'，《诗》之'妇寺'，《左传》寺人貂、寺人披、寺人孟张、寺人惠墙伊戾、寺人柳、寺人罗，皆此也。自秦以宦者任外廷之职，而官舍通谓之寺。汉人以太常、光禄勋、卫尉、太仆、廷尉、大鸿胪、宗正、大司农、少府为九寺。又变而浮屠之居，亦谓之寺矣。"（顾炎武著，黄汝成集释：《日知录集释：全校本》，栾保群、吕宗力点校，上海古籍出版社，2006年版，第1594—1595页）

为光禄勋,复领尚书,诸吏给事中如故。凡典枢机十余年,守法度,修故事。"此不用枚举。东汉时期,权归尚书,"及光武亲总吏职,天下事皆上尚书,与人主参决,乃下三府,尚书令为端揆之官"①。并且尚书台已形成了集议制度及主要针对外朝的劾奏制度,三公九卿之权遭到侵夺②。但即使在这种情况下,九卿依然可以通过参与廷议进而参加中枢决策。

公卿集议是汉代经常的制度,也是公卿甚至是更低级别的官员参政议政的重要方式③,皇帝在对某事作决策之前,也常常下其事于公府及相关部门之主管进行讨论,然后下达实施。如《汉书》卷五《景帝纪》载前元元年(前156年)秋七月诏曰:"吏受所监临,以饮食免,重;受财物,贱买贵卖,论轻。廷尉与丞相更议著令。"《后汉书》卷三十四《梁统传》载统为太中大夫,以为法令既轻,下奸不胜,宜重刑罚,以遵旧典,"事下三公、廷尉,议者以为隆刑峻法,非明王急务,施行日久,岂一朝所厘。统今所定,不宜开可";同书卷三十五《张纯传》载:"博士桓荣上言宜立辟雍、明堂,章下三公、太常,而纯议同荣,帝乃许之。"

---

① 李林甫等:《唐六典》卷一《尚书都省·尚书令》,陈仲夫点校,中华书局,1992年版,第6页。本书以下所引《唐六典》皆出自此版本,不再一一注明。
② 祝总斌:《两汉魏晋南北朝宰相制度研究》,中国社会科学出版社,1990年版,第33—34页。
③ 廖伯源:《秦汉朝廷之论议制度》,文收氏著《秦汉史论丛》,中华书局,2008年版,第130—169页。

如果比较重要的事情，往往以公卿集议的形式进行决策，如《汉书》卷七十《陈汤传》载甘延寿、陈汤斩匈奴郅支单于，虽有功，但有擅兴师矫制之罪，于是"诏公卿议封焉"；同书卷七十八《萧望之传》载："初，匈奴呼韩邪单于来朝，诏公卿议其仪"。又《后汉书》卷十九《耿恭传》载匈奴围关宠于柳中，宠上书求救，时肃宗新即位，"乃诏公卿会议"；同书卷五十六《陈球传》载球征拜廷尉，熹平元年（172年），窦太后崩，及将葬，曹节等复欲别葬太后，而以冯贵人配祔，"诏公卿大会朝堂，令中常侍赵忠监议"；等等。虽然这些论议是不定时召开，且其论议的结果仅供皇帝参考而未必被采纳，但公卿论议是汉代政治决策中经常进行的方式，具有较大的影响，因此这可以算作九卿参与政治决策的重要渠道。

此外，两汉九卿具有辟举荐举权。这是汉代九卿所具有的一项重要权力，其主要表现可分两个方面。

一、诸卿有辟举本府掾属的权力

如《汉书》卷五十八《儿宽传》载张汤为廷尉，"召宽与语，乃奇其材，以为掾"。同书卷八十六《王嘉传》载："王嘉字公仲，平陵人也。以明经射策甲科为郎，坐户殿门失阑免。光禄勋于永除为掾，察廉为南陵丞。复察廉为长陵尉。鸿嘉中，举敦朴能直言，召见宣室，对政事得失，超迁太中大夫。"而诸卿府掾属往往可以通过察廉等方式得以迁升。如《汉书》卷八十三《薛宣传》载宣"以大司农斗食属察廉,补不其丞";同卷《朱博传》载"时诸陵县属太常,博以太常掾察廉,补安陵丞"。虽然九卿掾属没有三府掾属仕途优顺,但诸卿俱是京师大吏,其府掾属之有才能者易见赏识而被荐举,故诸卿掾属不失为汉代晋身之一途。《后汉书》志第二十四《百官一·太尉》本注载:"汉初掾史辟,皆上言之,故有秩比命士。其所不言,则为百石属。其后皆自辟除,故通为百石云。"刘昭注引应劭《汉官仪》曰:

> 旧河堤谒者,世祖改以三府掾属为谒者领之,迁超御史中丞、刺史,或为小郡。监察黎阳谒者,世祖以幽、并州兵骑定天下,故于黎阳立营,以谒者监之,兵骑千人,复除甚重。谒者任轻,多放情态,顺帝改用公卿府掾有清名威重者,迁超牧守焉。

故王先谦在《汉书补注》卷五《景帝纪》"后元年春正月"条引姚鼐之言曰:"汉之仕进,大抵郎侍及仕州郡及卿府辟召三途。"①

此正可说明卿府辟召在汉代仕进当中的重要性。

---

① 王先谦补注:《汉书补注》,书目文献出版社,1995年版,影印本,第57页。

二、诸卿有察廉及荐举权

荐举之例甚多,如《汉书》卷九《元帝纪》载初元二年(前47年),诏"丞相、御史、中二千石举茂材异等直言极谏之士";同书卷十《成帝纪》载阳朔二年(前23年),九月诏"丞相、御史其与中二千石、二千石杂举可充博士位者,使卓然可观";又《后汉书》卷五《孝安帝纪》载永初五年(111年),"秋七月已巳,诏三公、特进、九卿、校尉,举列将子孙明晓战阵任将帅者";等等。察廉则如《后汉书》志第二十四《百官一》刘昭注引《汉官目录》曰:

> 建武十二年八月乙未诏书,三公举茂才各一人,廉吏各二人。光禄岁举茂才四行各一人,察廉吏三人。中二千石岁察廉吏各一人,廷尉、大司农各二人。将兵将军岁察廉吏各二人。监察御史、司隶、州牧岁举茂才各一人。

黄留珠先生认为这是茂才与察廉岁举之始,这两科在以前均为特举,自此以后变为岁举。① 此外,廖伯源先生还补充说:"察廉之举主除郡国守相外,尚有京师之公卿将军。且公卿察廉之史例甚多:《尹翁归传》:翁归第二次察廉,是

---

① 黄留珠:《秦汉仕进制度》,西北大学出版社,1985年版,第155—175页。

以'都内令,举廉为弘农都尉'。据《汉书·百官公卿表》,都内令为大司农之属官,是大司农察其都内令尹翁归廉吏。《秦汉仕进制度》所举见公卿察廉者有大司农察其平准令赵广汉、御史大夫魏相察其属萧望之、大鸿胪察大鸿胪文学平当、司徒玉况察其属吏班彪、将军察其属吏郭仲奇、大司农察其斗食属薛宣、光禄勋于永察其掾王嘉……汉代公卿府掾属升迁为朝廷命官为仕进之大路,此亦其原因之一。"①

从上我们可以看出,两汉时期的九卿,即使在尚书权力日益膨胀的情势下依然享有较高地位的原因。

第二节　魏晋时期的尚书台

汉魏之际,政治制度有较大变化,洪饴孙在《三国职官表·序》中对此有精辟的概括:

> 曹氏官制,名与汉同,而实变之。统而言之,禄秩则改为九品矣,三公则广为五府矣。内则尚书、侍中,别为一台,而不属少府;中书、秘书,创为二省,而专典机宜。宫禁不主于光禄勋,更置殿中诸司;屯卫不归于南北军,别设领军之职;司农管度支,而更领屯田;

---

① 廖伯源:《简牍与制度》,广西师范大学出版社,2005年版,第37、38页。

符节属九卿,而转为台主。公府之属,增至百余,军师之名,遍列诸署。外则诸州属于四征,而将军忽为方镇,都督加于岳牧,而刺史仅号单车。典兵则征镇安平之号,十倍于两京。郎将则东西南北之称,不止于三署。是则纷更升降,与汉大殊。古今名号之改移,两晋南北朝之建置,实皆权舆于此时者也。①

且不言都督制之形成与军制的变化,就中枢决策及执行机构而言,曹魏时期正是后代三省制发轫之始。首先,曹魏时期,尚书台从少府中分离出来成为独立机构,并取代九卿成为主要的行政部门。尚书台的独立,在形式上开始与其实际的权责相符,尚书令的地位也由汉代的秩次千石提升到曹魏时期的官阶三品,成为与九卿同一品级的官员。其次,中书省正式成立②,其长官中书监、中书令,掌诏令、典文书,成为主要的决策机构,所谓"魏置中书省,有监、令,遂掌机衡之任,而尚书之权渐减矣"③。稍后,侍中寺也从少府中独立出来,形成门下省,其长官侍中、黄门侍郎等对皇帝有

---

① 洪饴孙:《三国职官表》,表收《后汉书三国志补表三十种》(下册),中华书局,1984年版,第1263页。

② 魏文帝黄初初,从曹操建立魏国时所设立的秘书中分立中书。中书称省,魏明帝时期已如此。(见祝总斌:《两汉魏晋南北朝宰相制度研究》,中国社会科学出版社,1990年版,第314—317页)

③ 杜佑:《通典》卷二十二《职官四·尚书省》,王文锦等点校,中华书局,1988年版,第588页。本书以下所引《通典》皆出自此版本,不再一一注明。

着重要的参谋规谏权。三省机构的形成,使得秦汉时期之"三公"逐渐丧失实权,成为虚衔;而西汉诸卿及东汉九卿其职权亦被尚书机构分割取代,地位卑落。

曹魏时期尚书台从少府分离成为独立机构之后,又有所调整和发展,东汉光武帝时期有三公、吏部、民曹、客曹、二千石、中都官六曹尚书,统三十四郎曹①;曹魏改选部为吏部,主选部事,又有左民、客曹、五兵、度支;凡五曹尚书、二仆射、一令为八座。曹魏较重吏治,故精简东汉三十四曹郎为二十三曹郎,青龙二年(234年)又增二曹,合二十五曹郎,《晋书》卷二十四《职官志》所载较详:"至魏,尚书郎有殿中、吏部、驾部、金部、虞曹、比部、南主客、祠部、度支、库部、农部、水部、仪曹、三公、仓部、民曹、二千石、中兵、外兵、都兵、别兵、考功、定课,凡二十三郎。青龙二年,尚书陈矫奏置都官、骑兵,合凡二十五郎。每一郎缺,白试诸孝廉能结文案者五人,谨封奏其姓名以补之。"

尚书诸曹多夺九卿之权,如驾部之侵太仆,主客之侵鸿胪,度支、库部之侵司农,祠部之侵太常,等等。但由于汉代以来九卿机构庞大,地望皆重,不可能遽然革除,非但如

---

① 《晋书》卷二十四《职官志》。祝总斌先生认为东汉无中都官曹,尚书六曹,应当是"汉光武时是吏、二千石、民、南主客、北主客、三公;东汉中后期是吏、二千石、民、客和两三公曹"。具体考辨见祝总斌:《两汉魏晋南北朝宰相制度研究》,中国社会科学出版社,1990年版,第128页。

此，曹魏时期任九卿者亦皆重臣，非老弱之辈。

西晋时期，尚书机构不断扩大，尚书曹由魏之五曹增至六曹①，郎曹则由魏之二十五曹增至三十五曹，"置郎二十三人，更相统摄"②；尚书郎下的尚书令史，东汉仅十八人（后增至二十一人）③，到西晋时期，则分为都令史、令史、书令史、书吏干等几个级别，仅正令史和书令史的人员就多至二百五十人④。此外，尚书令又置省事吏四人，品秩与诸曹令史同⑤；尚书台至此组织基本完备，已取代汉魏三公成为正式的宰相机构。此外，西晋时期尚书人员也完成了由宫官向朝官的转变。《三国志》卷二十二《魏书·陈矫传》载矫为尚书令：

> （明帝）车驾尝卒至尚书门，矫跪问帝曰："陛下欲何之？"帝曰："欲案行文书耳。"矫曰："此自臣职分，非陛下所宜临也。若臣不称其职，则请就黜退。陛下宜

---

① 《晋书》卷二十四《职官志》载："及晋置吏部、三公、客曹、驾部、屯田、度支六曹，而无五兵。咸宁二年，省驾部尚书。四年，省一仆射，又置驾部尚书。太康中，有吏部、殿中及五兵、田曹、度支、左民为六曹尚书，又无驾部、三公、客曹。惠帝世又有右民尚书，止于六曹，不知此时省何曹也。"（中华书局，1974年版，第731页）

② 《晋书》卷二十四《职官志》，第732页。

③ 杜佑：《通典》卷二十二《职官四·尚书上·历代都事主事令史》："后汉尚书令史十八人，曹有三人主书，后增剧曹三人，合二十一人，皆选于兰台符节简练有吏能者为之。"（第609页）

④ 《宋书》卷三十九《百官志上》载："郎以下则有都令史、令史、书令史、书吏干。汉东京尚书令史十八人，晋初正令史百二十人，书令史百三十人。"（第1237页）

⑤ 《晋书》卷二十四《职官志》载："始贾充为尚书令，以目疾表置省事吏四人，省事盖自此始。"（第730页）

还。"帝惭，回车而反。

魏明帝欲案行尚书文书，说明他依然视尚书机构为其秘书机关，尚书令陈矫认为此为尚书职责，则说明他已经认识到尚书不再是皇帝的秘书而是国家的官员。到了西晋时期，尚书机构已经有权独立下符、指挥政务①，这正是尚书台取代三公成为处理全国政务的宰相机构的证明。

此外，西晋时期，作为宰相机构的尚书台在处理军国要务之时，往往是以"八座"（"座"或作"坐"）集议的方式进行。所谓"八座"，是指尚书令、仆及六曹尚书，若仆射有二，则为五曹尚书。此取代两汉公卿集议而成为中枢行政决策的重要方式，九卿之参与重大决策的权力至此基本被剥夺。《宋书》卷三十九《百官志上》载：

> 晋西朝八坐丞郎，朝晡诣都坐朝，江左唯旦朝而已。

此处"诣都坐朝"，非指朝见皇帝，而指于都坐处理政务②，若遇重要事情，亦有其他官员参加，包括九卿，但"八座"集议最为普遍且有制度保证。如《晋书》卷四十五

---

① 参祝总斌：《两汉魏晋南北朝宰相制度研究》，中国社会科学出版社，1990年版，第172页。
② 参祝总斌：《两汉魏晋南北朝宰相制度研究》，中国社会科学出版社，1990年版，第178页。

《刘毅传》载毅于太康六年（285年）卒，武帝议赠仪同三司，使者监护丧事。羽林左监北海王宫上疏认为毅功德并立，而有号无谥，于义不体，于是武帝"出其表使八坐议之，多同宫议"。此外，《晋书》卷一百零五《石勒载纪下》载石勒下书曰：

> 自今有疑难大事，八坐及委丞郎赍诣东堂，诠详平决。其有军国要务须启，有令仆尚书随局入陈，勿避寒暑昏夜也。

石勒之制度，多沿自中朝，此例正说明当时军国要务多由八座集议以"诠详平决"，令仆尚书随局入陈则是向皇帝汇报以取诏断。众所周知，西晋之中书监、令常参与决策，但其商议政务也要在尚书都省，如《晋书》卷五十九《赵王伦传》载孙秀为侍中、中书监：

> 自义兵之起，百官将士咸欲诛伦、秀以谢天下。秀知众怒难犯，不敢出省。及闻河北军悉败，忧懑不知所为。义阳王威劝秀至尚书省与八坐议征战之备，秀从之。

时孙秀专权，却不能召尚书八座到中书省议事，而要亲赴尚书省，这正说明尚书都坐为当时经常性、制度性商讨国

事的地方。东晋亦于都坐议事,《晋书》卷六《明帝纪》载太宁三年(325年)夏四月,诏曰:

> 大事初定,其命惟新。其令太宰司徒已下,诣都坐参议政道,诸所因革,务尽事中。

同书卷六十七《温峤传》载:

> 是时天下凋弊,国用不足,诏公卿以下诣都坐论时政之所先,峤因奏军国要务。

太宰、司徒或公卿须有诏书才能诣都坐议政,这应当是尚书以外官员不定期、非制度性的参议方式,与两汉时代的公卿廷议相比,重要性大大下降。《晋书》卷四十四《李胤传》载胤泰始初,拜尚书,进爵为侯。胤奏以为:

> "古者三公坐而论道,内参六官之事,外与六卿之教,或处三槐,兼听狱讼,稽疑之典,谋及卿士。陛下圣德钦明,垂心万机,猥发明诏,仪刑古式,虽唐虞畴咨,周文翼翼,无以加也。自今以往,国有大政,可亲延群公,询纳谠言。其军国所疑,延诣省中,使侍中、尚书咨论所宜。若有疾疢,不任觐会,临时遣侍臣讯访。"诏从之。

此奏正可见晋初群公之地位了。

第三节　西晋尚书与九卿的关系

在尚书台已成为宰相机构的情况下,如何处理尚书与九卿间的关系,裴秀在西晋初年就提出改革的意见,据《晋书》卷三十五《裴秀传》载:

> 初,秀以尚书三十六曹统事准例不明,宜使诸卿任职,未及奏而薨。

所谓"统事准例不明",应当是指尚书三十六曹与九卿所掌多有重复①,尚书发令的同时也部分侵夺了九卿的执行职能,它们在制度上尚未形成明晰的法定的程序,而改革的要点则是"使诸卿任职",就是使尚书完全成为发令机关,而执行职能则由九卿来完成。这在当时也是一种设想,因为尚书机构刚刚脱离少府而独立,尚书诸曹分合不定,其本身

---

① 王素先生认为:"自东汉以来,就有称丞为郎为曹的习惯,史书所记尚书三十六郎或三十六曹,实际都把左、右二丞算在内,真正的郎曹只有三十四个。也就是说,裴秀所云三十六曹,是三十四郎曹和左、右二丞的综合数。在裴秀之后,才增置运曹,成为三十五郎曹。"(见陈仲安、王素:《汉唐职官制度研究》,中华书局,1993年版,第57页)

尚在完善当中，要想与九卿形成一种理顺和对应的关系还有待时日。裴秀其人，在司马氏主政的曹魏咸熙年间就主持一系列的官制改革，包括创议五等爵、制定《魏官品》等①，本传称"秀创制朝仪，广陈刑政，朝廷多遵用之，以为故事。在位四载，为当世名公"，说明其对官制之利弊较为熟悉，这项建议未及奏而秀薨，其详细内容不得而知，自然也未能实施。

裴秀的这种意见后来刘颂又有所申述，《晋书》卷四十六《刘颂传》载颂为淮南相，在郡上疏中提到：

> 古者六卿分职，冢宰为师。秦、汉已来，九列执事，丞相都总。今尚书制断，诸卿奉成，于古制为重，事所不须，然今未能省并。可出众事付外寺，使得专之，尚书为其都统，若丞相之为。惟立法创制，死生之断，除名流徙，退免大事，及连度支之事，台乃奏处。其余外官皆专断之，岁终台阁课功校簿而已。此为九卿造创事始，断而行之，尚书书主，赏罚绳之，其势必愈考成司非而已。于今亲掌者动受成于上，上之所失，不得复以罪下，岁终事功不建，不知所责也。……

---

① 《晋书》卷三十五《裴秀传》载："魏咸熙初，厘革宪司。时荀𫖮定礼仪，贾充正法律，而秀改官制焉。秀议五等之爵，自骑督已上六百余人皆封。"（第1038页）

首先，刘颂已经清楚地认识到"尚书制断，诸卿奉成"之制度的形成，即尚书台已成为宰相机构，而诸卿则处于奉行符令之地位。虽然刘颂认为这种状况"于古制为重"，不太合理，但在未能省并的情况下，进行改革以理顺关系则是重点。其次，刘颂提出的改革意见中，变三公九卿为尚书九卿的观点十分明确，具体方案是分尚书之"众事"以付外寺，使其专之，而尚书为外寺之都统，"若丞相之为"；重大事项"惟立法创制，死生之断，除名流徙，退免大事，及连度支之事，台乃奏处"，其余小事则由九卿断处，"岁终台阁课功校簿而已"，做到政、事分开，权、责明晰，才能动有所成。最后，刘颂认为如今的状况是政务事务皆集于尚书，而外寺没有决断权，动则受成于上，若尚书决断失误，又不能追究九卿之责任，"上之所失，不得复以罪下"，这样就使得权责不明，"岁终事功不建，不知所责也"。刘颂的改革方案无疑已经触摸到事情的根本，这样分职合理、权责明晰的行政要求，到唐代三省制确立之后才得以实现，而刘颂早在西晋初年就已经提出，不能不说刘颂具有超人的政治远见。这样一项意义重大的提议，在晋武帝诏答"得表陈封国之制，宜如古典，任刑齐法，宜复肉刑，及六州将士之役，居职之宜，诸所陈闻，具知卿之乃心为国也，动静数以闻"之后，再无下文。史载刘颂后来"转吏部尚书，建九班之制，欲令百官居职希迁，考课能否，明其赏罚。贾郭专朝，仕者欲速，竟不施行"，惜乎刘颂之改革创制都未能施行！

陈仲安、王素等人认为在当时"由于三省制尚未完全形成,尚书省还不是真正的宰相机构,缺乏取代丞相九卿制、形成尚书九卿制的条件"①,这是一方面的原因;此外,笔者认为主要的原因也在于当时实施改革的阻力较大,这在荀勖的议论中有所体现:西晋咸宁时期,议省州郡县半吏以赴农功,荀勖认为"省吏不如省官,省官不如省事,省事不如清心",又说:

> 若欲省官,私谓九寺可并于尚书,兰台宜省付三府。然施行历代,世之所习,是以久抱愚怀而不敢言。②

这说明当时人们已经清晰地认识到,九卿的存在实为冗余,只是因为"施行历代,世之所习",且机构庞杂,省并起来断非易事,只能"久抱愚怀"而不轻言改革。

此外,魏晋以来,九卿权势虽有所衰落,但承两汉余绪,其官位依然秩优廪重,在品级上,九卿皆三品官,而秩禄则为中二千石。因为魏晋南朝实行的是官品与秩石并存的

---

① 陈仲安、王素:《汉唐职官制度研究》,中华书局,1993年版,第65—66页。
② 《晋书》卷三十九《荀勖传》,第1154—1155页。

双轨制,即使是同一官品,其俸禄秩石也有较大差别①,如尚书令与光禄大夫、诸卿虽同为三品,却仅秩千石,月俸只有五十斛,太康二年(281年)所定春、秋赏赐常例,也只有绢"春三十匹,秋七十匹。绵七十斤"②;因此诸卿在俸禄方面则比某些同品官员更为优厚。非但如此,晋武帝太康四年(283年)六月,又"增九卿礼秩"③,其具体内容,据《晋书》卷二十五《舆服志》载:"太康四年,制:'依汉故事,给九卿朝车驾四及安车各一乘。'"待遇与俸禄皆有较高规格,这在很多情况下是极大的荣誉。《晋书》卷四十四《华表传》载表泰始中拜太子少傅,转光禄勋,迁太常卿,数岁以老病乞骸骨,武帝诏曰:"表清贞履素,有老成之美,久干王事,静恭匪懈。而以疾固辞,章表恳至。今听如所上,以为太中大夫,赐钱二十万,床帐褥席禄赐与卿同,门施行马";又同书卷四十七《傅祗传》载祗为卫尉,"以风疾逊位,就拜常侍,食卿禄秩,赐钱及床帐等";华表以太中大夫"床帐褥席禄赐与卿同"、傅祗以常侍"食卿禄秩",同样都是一种优遇。因此,要对俸禄优厚且地位较高的九卿进行改革或裁省,并不是一件容易的事情。

---

① 师何德章先生认为:"魏晋南朝之所以存在官品与秩石的两轨制,是因为这一时期既实行官吏的九品划分,又继承了汉代的秩石传统,九品不能囊括汉代十几个秩石级别所致。"(见黄惠贤、陈锋主编《中国俸禄制度史》,武汉大学出版社,1996年版,第78页)

② 《晋书》卷二十四《职官志》,第730页。

③ 《晋书》卷三《武帝纪》,第74页。

自然,在魏晋名士们看中卿官职优廪厚的同时,不可否认,九卿之实际地位已被视为"散卿",《晋书》卷四十五《任恺传》载恺为贾充所谮,由侍中出为吏部尚书,历官河南尹、光禄勋,后又为太仆、转太常:

> 初,魏舒虽历位郡守,而未被任遇,恺为侍中,荐舒为散骑常侍。至是舒为右光禄、开府,领司徒,帝临轩使恺拜授。舒虽以弘量宽简为称,时以恺有佐世器局,而舒登三公,恺止守散卿,莫不为之愤叹也。恺不得志,竟以忧卒,时年六十一。

同书卷三十五《裴楷传》载楷与杨骏不平,"骏既执政,乃转为卫尉,迁太子少师,优游无事,默如也",楷有渴利疾,不乐处势,于是王浑为裴楷请曰:

> 楷性不竞于物,昔为常侍,求出为河内太守;后为侍中,复求出为河南尹;与杨骏不平,求为卫尉;及转东宫,班在时类之下,安于淡退,有识有以见其心也。楷今委顿,臣深忧之。光禄勋缺,以为可用。今张华在中,王戎在尚书,足举其契,无为复令楷入,名臣不多,当见将养,不违其志,要其远济之益。

两汉时期卫尉与光禄勋皆为要职,西汉杨恽为光禄勋,

"位在列卿,爵为通侯,总领从官,与闻政事"①,荣耀之极;东汉时期,卫尉多为外戚占据,阴兴、马防、马光、窦融、窦固、窦笃、梁淑、阎显、阎景等人皆曾为之,《后汉书》卷十下《皇后纪下·安思阎皇后纪》载阎太后专权,"于是(阎)景为卫尉,耀城门校尉,晏执金吾,兄弟权要,威福自由";相比之下,西晋时期的卫尉与光禄勋只以处闲散,为老臣将养,变化不可谓不大。又《晋书》卷四十《杨珧传》载:

中护军羊琇与北军中侯成粲谋欲因见珧而手刃之。珧知而辞疾不出。讽有司奏琇,转为太仆。自是举朝莫敢枝梧,而素论尽矣。

中护军与太仆虽同为三品,但一掌禁军一为散卿,以至于此种迁转使"举朝莫敢枝梧",可见其间的落差。

第四节 东晋时期九卿的省并及恢复

司马氏渡江之后,承西晋大乱之余,各种制度较易创革,以此时作为改革的契机较为适当,因此可以对调整官制

---

① 班固:《汉书》卷六十六《杨恽传》,第2895页。

的诉求予以考虑,《晋书》卷六十七《温峤传》载明帝时天下凋弊,国用不足,诏公卿以下诣都坐论时政之所先,峤因奏军国要务,其四曰:

> 建官以理世,不以私人也。如此则官寡而材精。周制六卿莅事,春秋之时,入作卿辅,出将三军。后代建官渐多,诚由事有烦简耳。然今江南六州之土,尚又荒残,方之平日,数十分之一耳。三省军校无兵者,九府寺署可有并相领者,可有省半者,粗计闲剧,随事减之。荒残之县,或同在一城,可并合之。如此选既可精,禄俸可优,令足代耕,然后可责以清公耳。

温峤此番议论的执行情况,史载不详,仅说"议奏,多纳之",明帝在位日浅,成帝之初又有苏峻之乱,或者无暇顾及此类改革。但东晋初尚书及九卿确实存在较大规模的机构调整,如尚书台六曹尚书省一置五,据《晋书》卷二十四《职官志》载:"及渡江,有吏部、祠部、五兵、左民、度支五尚书。祠部尚书常与右仆射通职,不恒置,以右仆射摄之,若右仆射阙,则以祠部尚书摄知右事。"则是右仆射与祠部尚书通职，实存四尚书①。而西晋三十五郎曹，东晋之初省"直事、右民、屯田、车部、别兵、都兵、骑兵、左右士、运曹十曹郎"，康穆以后又省虞曹、二千石二郎，只剩下殿中、祠部、吏部、仪曹、三公、比部、金部、仓部、度支、都官、左民、起部、水部、主客、驾部、库部、中兵、外兵十八曹郎，"后又省主客、起部、水部，余十五曹云"。

东晋偏居江南，国家规模自然不如大一统时期，尚书机构的省并正说明有关政事的减少，如温峤所言："后代建官渐多，诚由事有烦简耳。然今江南六州之土，尚又荒残，方之平日，数十分之一耳。"在尚书与九卿的关系上，据温峤这次的提议来看，依然持省并之说，原因或在于省并简单易行。据《晋书》卷二十四《职官志》记载，九卿当中卫尉最早省废，与温峤之提议是否有关，不得而知②；此外，太仆、大鸿胪、将作大匠等三卿东晋时期皆有事则置，无事则省。

---

① 王素先生认为此处阙载三公曹，东晋依然有六曹尚书，"四尚书与一令二仆不足八座之数，故必阙一尚书。按西晋太康以后的六尚书，东晋存其五，唯少'三公'，三公尚书主刑法，历代虽名称或异，但都必须设专门机构，不得暂阙。《晋书》卷六八《薛兼传》云兼于中兴初迁尚书，未明何曹，同书《刑法志》云兼中兴初以尚书议刑，或者兼所任尚书就是三公尚书"。（见王素：《三省制略论》，齐鲁书社，1986年版，第15页）

② 东晋时期，任卫尉可考者为袁猷，据《晋书》卷八十三《袁猷传》："袁猷字申甫，少与瑰齐名。代瑰为吕令，复相继为江都，由是俱渡江。瑰为丹阳，猷为武康，兄弟列宰名邑，论者美之。历位侍中、卫尉卿。"任官时间不可考，此外还有三例赠卫尉者，荀闿（《晋书》卷三十九《荀闿传》："太宁二年卒，追赠卫尉。"）、周札（《晋书》卷五十八《周札传》："后追赠卫尉。"）、刘超（《晋书》卷七十《刘超传》："追赠卫尉，谥曰忠。"）；其中刘超追赠卫尉是在成帝苏峻乱平之后，说明卫尉一职成帝时期依然存在，但已废之官是否可以作为赠官则有待考证。

卫尉在汉魏之际已失去其宿卫职能，地位低落，成为主管冶铸的闲职。西晋时期，卫尉尚"领冶令三十九，户五千三百五十"，但诸冶皆处江北，"江南唯有梅根及冶塘二冶，皆属扬州，不属卫尉"①，因此渡江之后卫尉职无所司，最早省废。其属下的武库令，则转隶尚书库部；公车令，则转属侍中。

太仆两汉以来皆主马政，"大驾则执驭"。西晋时期尚统"典虞都尉，典虞丞，左、右、中典牧都尉"等马牧机构，郭展为太仆，"留心于养生，是以厩马充牣，其后征吴，得以济事"②；东晋立国江南，失去了较合适的牧养区，马匹的来源及数量都非常有限，因此太仆一职"晋江左或置或省，宋以来不置。郊祀则权置太仆执辔，事毕即省"③。但保留了大驾执驭的职能，也只是在郊祀时才权置。其属官车府令转属尚书驾部④，乘黄令转属太常⑤，而骅骝为门下之职；余官废置不详。

大鸿胪两汉主归义蛮夷及诸侯封拜，王薨则使吊之。但东汉时期已有客曹尚书，魏、西晋沿置；西晋太康年间客曹

---

① 《宋书》卷三十九《百官志上》，第1230页。
② 李昉等：《太平御览》卷二三〇《职官部二八·太仆卿》引《晋诸公赞》，中华书局，1960年版，第1093页。
③ 《宋书》卷三十九《百官志上》，第1233页。
④ 《宋书》卷三十九《百官志上》："太仆既省，隶尚书驾部。"（第1238页）
⑤ 《宋书》卷三十九《百官志上》："自博士至乘黄令，并属太常。"（第1229页）

尚书虽被裁撤，但郎曹尚有左、右主客及南主客、北主客，东晋康穆以后虽不置主客，但宋初即复置①。这些机构分割了大鸿胪的外交职能，使得鸿胪卿仅掌"赞导拜授诸王"等一些礼仪性质的事务，因此"晋江左初省，有事则权置，事毕即省"②，西晋大鸿胪"统大行、典客、园池、华林园、钩盾等令，又有青宫列丞、邺玄武苑丞"③；其属官此一时期转隶省废情况不详。

将作大匠西汉属列卿，东汉不在九卿之数，"掌修作宗庙、路寝、宫室、陵园木土之功，并树桐梓之类列于道侧"④。西晋武帝时期置尚书起部曹，另有曹魏时期所置的材官校尉，掌天下材木，属少府；共同分割了大匠之职能，从西晋时就是"有事则置，无事则罢"，且置立之时亦多以他官领之。

对以上四卿进行改革无甚阻力，此外还有太常、宗正、廷尉、光禄勋、大司农、少府等六卿，相对来说，这六卿和国家及皇权有较密切的关系：太常、廷尉主礼仪及刑律，职不可阙，且太常地位清贵，望雅职重；西晋以曹魏苛待宗室为鉴，分封诸王，且以宗王出镇⑤，任宗正者，多为王室，

---

① 《宋书》卷三十九《百官志上》："宋高祖初，加置骑兵、主客、起部、水部四曹郎。"（第1237页）
② 《宋书》卷三十九《百官志上》，第1233页。
③ 《晋书》卷二十四《职官志》，第737页。
④ 《后汉书》志第二十七《百官四》，中华书局，1965年版，第3610页。
⑤ 唐长孺：《西晋分封与宗王出镇》，文收氏著《魏晋南北朝史论拾遗》，中华书局，1983年版，第123—140页。

地位较高，东晋以来虽地位下降，但若言省并也需谨慎；光禄、司农及少府，多掌皇宫事务，且有较繁杂的机构，应当不在"可有并相领"的范围。

晋穆帝时期，王彪之又提出省并意见，据《晋书》卷七十六《王彪之传》载，时（永和时期）众官渐多，而迁徙每速，吏部尚书王彪之上议曰：

……官众则阙多，阙多则迁速，前后去来，更相代补，非为故然，理固然耳。所以职事未修，朝风未澄者也。职事之修，在于省官；朝风之澄，在于并职。官省则选清而得久，职并则吏简而俗静；选清则胜人久于其事，事久则中才犹足有成。

今内外百官，较而计之，固应有并省者矣。六卿之任，太常望雅而职重，然其所司，义高务约。宗正所统盖鲜，可以并太常。宿卫之重，二卫任之，其次骁骑、左军各有所领，无兵军校皆应罢废。四军皆罢，则左军之名不宜独立，宜改游击以对骁骑。……凡余诸官，无综事实者，可令大官随才位所帖而领之，若未能顿废，自可因缺而省之。委之以职分，责之以有成，能否因考绩而著，清浊随黜陟而彰。虽缉熙之隆、康哉之歌未可，使庶官之选差清，莅职之日差久，无奉禄之虚费，简吏寺之烦役矣。

很明显，王彪之认为官职众多是造成前去后来迁转不定的原因，而要达到官久其任、吏治澄清的办法就在于精简机构，省并诸职，"职事之修，在于省官；朝风之澄，在于并职。官省则选清而得久，职并则吏简而俗静"；并明确提出宗正可并入太常，以及其他诸官，"无综事实者，可令大官随才位所帖而领之，若未能顿废，自可因缺而省之"，是能领则领，未能顿废者可因缺而省；官职减少，则职责分明，这样就能使"能否因考绩而著，清浊随黜陟而彰"。

王彪之的建议是否得到执行，史无详载，宗正并于太常是在哀帝时期，而禁军改革也是在哀帝时期①，距王彪之的建议已有时日，或是桓温改革时兼采彪之之议？

王彪之提议后不久，东晋权臣桓温也提出类似建议。《晋书》卷九十八《桓温传》载温以既总督内外，不宜在远，又上疏陈便宜七事，其二则曰："户口凋寡，不当汉之一郡，宜并官省职，令久于其事"；《太平御览》卷二〇三《职官部一·总叙》所引《桓温集略》载有此疏较为详细的内容：

> 今天下分崩，变乱殄瘁，虽道隆中兴，而户口凋寡，近方汉时，不当一郡之民，民户既少，则势不多，

---

① 《晋书》卷八《哀帝纪》兴宁二年（364年）二月，"改左军将军为游击将军，罢右军、前军、后军、将军五校三将官"。张金龙先生认为是"王彪之的建议在哀帝时得到实施"。[参张金龙：《魏晋南北朝禁卫武官制度研究》（上册），中华书局，2004年版，第320页]

而当必同古制百官备职，实非大《易》随时之宜。且设官以理务，务寡则官省，官省以国治，则职显而人清。故光武初兴，多所并省；诸葛亮相蜀，简才并官，此皆达治之成规，今日之所先也。宜从权制，并官省职，愚谓门下三省、秘书著作，通可减半。古以九卿综事，不专尚书，故重九棘也。今事归内台，则九卿为虚设之位，唯太常、廷尉职不可阙；其诸员外、散官及军府参佐职无所掌者，皆并；若车驾、郊庙、藉田之属，凡诸大事于礼宜置者，临时权兼，事迄则罢，职既并则官少而才精，职理则无害民，而治道康矣。①

此疏与王彪之疏所认为的"官省则选清而得久，职并则吏简而俗静"的改革思想基本相同，认为"官省以国治，则职显而人清"，其核心皆是省官并职。在提到尚书与九卿之关系时，桓温认为"古以九卿综事，不专尚书"，而今"事归内台，则九卿为虚设之位"，理应省并；"唯太常、廷尉职不可阙"，盖家国宗庙之礼仪是为大事，刑律罪法亦不可废；此外，"若车驾、郊庙、藉田之属，凡诸大事于礼宜置者，临时权兼，事迄则罢"，这样才能使官少才精，治道康隆。

桓温的意见自然能够得到采纳，其本传称"有司皆奏行之"。据《晋书》卷二十四《职官志》，九卿中除东晋初已省

---

① 李昉等：《太平御览》，中华书局，1960年版，第979、980页。

并的卫尉、太仆、大鸿胪以及"职不可阙"的太常、廷尉外,其余四卿:光禄勋并入司徒,宗正并入太常,大司农并入都水,少府并入丹阳尹。

光禄勋两汉时期"掌宿卫宫殿门户,典谒署郎更直执戟,宿卫门户,考其德行而进退之"①,即在宿卫宫殿门户的同时,更多的是对三署郎的管理和考核;汉魏之际,光禄勋与卫尉同样失去禁卫职能,此外,"魏、晋以来,光禄勋不复居禁中,又无复三署郎,唯外宫朝会,则以名到焉。二台奏劾,则符光禄加禁止,解禁止亦如之。禁止,身不得入殿省,光禄主殿门故也"②;同时选官制度的变化也使三署失去官员后备的性质,诸郎成为散职,其长官五官和左、右中郎将于武帝泰始九年(273年)即被罢省。禁卫职能及考核郎官的职能失去之后,光禄勋仅成为掌守殿门之官。西晋光禄勋"统武贲中郎将、羽林郎将、冗从仆射、羽林左监、五官左右中郎将、东园匠、太官、御府、守宫、黄门、掖庭、清商、华林园、暴室等令"③;其中武贲到羽林左监在东晋时期已无营兵,不主禁卫,此时也一同被罢省④;其他属官,太官令转属门下,省御府令⑤;而东园匠、守宫、黄门、掖庭、

---

① 《后汉书》志第二十五《百官二》,中华书局,1965年版,第3574页。
② 《宋书》卷三十九《百官志上》,第1229页。
③ 《晋书》卷二十四《职官志》,第736页。
④ 《宋书》卷四十《百官志下》:"自虎贲至羽林,是为三将,哀帝省。……江右领营兵,江左无复营兵。"(第1249页)
⑤ 《宋书》卷三十九《百官志上》:"御府,二汉世典官婢作袭衣服补浣之事,魏、晋犹置其职,江左乃省焉。"(第1232页)

清商、华林园、暴室等令在光禄勋省并后情况不详。

宗正汉魏以来无大变化,"统皇族宗人图谍,又统太医令史,又有司牧掾员"①;其中太医令两汉属少府,西晋时期改属宗正,至此又转属门下,司牧掾不详。

大司农,汉代掌国家财政,统管全国钱谷、金帛的征收和支付,曹魏时期还掌屯田,统典农中郎将、典农校尉等官;魏晋之际,罢民屯,农官转为守、令,大司农所属农官系统被裁省②;另魏文帝时设度支尚书,以司马孚为之,"专掌军国支计"③,此后逐渐取代大司农成为国家财政主管机构,而大司农则沦为国家仓库总管的地位,桓温以之并都水。西晋大司农"统太仓、籍田、导官三令,襄国都水长,东西南北部护漕掾"④,东晋不置籍田令⑤,太仓、导官二令是否随司农并入都水则不详。

少府在魏晋之际变化最大,尚书、秘书、侍中寺、御史台等机构皆从中分离,使少府基本成为皇室手工作场的管理者,"统材官校尉、中左右三尚方、中黄左右藏、左校、甄官、平准、奚官等令,左校坊、邺中黄左右藏、油官等

---

① 《晋书》卷二十四《职官志》,第737页。
② 参〔日〕西嶋定生:《中国经济史研究》,冯佐哲、邱茂、黎潮合译,农业出版社,1984年版,第240—243页。
③ 《晋书》卷三十七《安平献王孚传》,第1082页。
④ 《晋书》卷二十四《职官志》,第737页。
⑤ 《宋书》卷三十九《百官志上》:籍田令,"江左省"。

丞"①，其中"晋江左改材官校尉曰材官将军，又罢左校令"②；中左右三尚方江左唯置一尚方，其余中黄左右藏、甄官、平准、奚官等令此时是否一同并入丹阳尹则不得而知。

桓温于哀帝兴宁元年（363年）五月，加"侍中、大司马、都督中外诸军事、录尚书事、假黄钺"③，随后上疏提议改革并得以执行，但据《晋书》卷九《孝武帝纪》载，孝武帝宁康元年（373年）七月桓温死后，九月就"复置光禄勋、大司农、少府官"，当时主政的是尚书令王彪之和尚书仆射谢安，这很有一点拨乱反正的意味；但同样是主张官省国治、吏简俗清的王彪之为什么没有坚持桓温的改革？

首先，光禄勋、大司农及少府属下有较多的事务机构，省并之后这些机构无论是转隶司徒或门下，同样会造成职能重叠，权责不分；《宋书》卷九十二《良吏·江秉之传》附《王悦传》载，王悦于宋明帝泰始中为侍中，在门下，尽其心力，卒后赠太常：

> 初，悦为侍中，检校御府、太官、太医诸署，得奸巧甚多。及悦死，众咸谓诸署咒诅之，上乃收典掌者十余人，桎梏云送淮阴，密令渡瓜步江，投之中流。

---

① 《晋书》卷二十四《职官志》，第737页。
② 《宋书》卷三十九《百官志上》，第1238页。
③ 《晋书》卷八《哀帝纪》，第207页。

此虽是刘宋时期的例子，但也能说明一些问题：御府、太官、太医皆是东晋桓温省并诸卿时转属门下的，侍中平日忙于政务，一旦检校诸署，则"得奸巧甚多"，况且王悦为官尽其心力，若塞责敷衍者，政务事务集于一身，岂非更易上下其手？前面刘颂疏言"其余（事务）外官皆专断之，岁终台阁课功校簿而已。此为九卿造创事始，断而行之，尚书书主，赏罚绳之，其势必愈考成司非而已"，岂非对此早有预见？王悦之死，"众咸谓诸署咒诅"，又可见弊端之深，阻力之大了。因此隋唐时期三省制度成熟之后，此类事务官又皆回原位，不隶门下。

其次，光禄勋及少府机构多服务于皇室，并入司徒和丹阳尹之后，其性质明显地改变了，即变皇室机构为政府机构，在某种程度上是置皇室于政府之下：如光禄勋下面的黄门、掖庭、暴室及少府下面的奚官等令是为管理后宫；少府下面的尚方、中黄左右藏、平准等令是为服务皇室；这些事务是不可或缺的，但东晋皇权低落，省并较易，况且桓温废皇帝求九锡，改革机构更是冠冕堂皇，在其死后，皇权伸张，这些机构得以恢复也反映了皇室事务的客观需要。至于大司农，尚有省并之可能（故刘宋初年有短暂的省废，但后又恢复，见下文），此时复置或有拨正桓温乱局的意味；宗正并入太常本是王彪之的建议，此时不予改正，自然是在情理之中。

由此可见，进行改革并非简单的并官省职，有些机构是客观的需要，就不能主观地裁撤，关键要通过改革调整使各机构权责明确，分工合理，只有这样才能使职有所司，考绩有成。

第五节　南朝时期的尚书与九卿

南朝宋、齐时期，诸卿设置基本依照东晋的格局，太常、廷尉、光禄勋、大司农和少府成为常设之职①，太仆、大鸿胪和将作大匠则成为临时性的职务，"有事权置兼官，毕乃省"②，宗正并入太常；东晋宋初皆不置卫尉，直到宋世祖孝建元年（454年）复置，以宗室刘恢为之，"晋氏过江，不置城门校尉及卫尉官，世祖欲重城禁，故复置卫尉卿"③，"掌宫城管籥"④。

在宋末齐初，尚书机构内部的隶属关系得以确定，尚书各级职权划分有了明确规定。魏晋时期，列曹尚书与郎曹之间的隶属关系并不明确，到刘宋时期，在东晋祠部、吏部、

---

① 大司农一职，在宋文帝元嘉二十九年（452年）曾罢省，《宋书》卷五《文帝纪》载元嘉二十九年秋七月，丁酉，"省大司农、太子仆、廷尉监官"。但在孝武帝大明四年（460年）复置，同书卷六《孝武帝纪》载大明四年十一月丙戌，"复置大司农官"。前后不到十年时间，此后常置；废而又置也说明其职掌不可或缺。
② 《南齐书》卷十六《百官志》，第318页。
③ 《宋书》卷六十八《南郡王义宣附子恢传》，第1808页。
④ 《南齐书》卷十六《百官志》，第317页。

左民、度支、五兵尚书的基础上,据《宋书》卷三十九《百官志上》载:"宋高祖初,又增都官尚书。若有右仆射,则不置祠部尚书。世祖大明二年,置二吏部尚书,而省五兵尚书,后还置一吏部尚书。顺帝升明元年,又置五兵尚书。"是几经变化,在刘宋末年形成了祠部(与右仆射通职,不并置)、吏部、度支、左民、都官、五兵六尚书;曹郎则在东晋十五曹的基础上,"宋高祖初,加置骑兵、主客、起部、水部四曹郎,合为十九曹。太祖元嘉十年,又省仪曹、主客、比部、骑兵四曹郎。十一年,又并置。十八年,增删定曹郎,次在左民曹上,盖魏世之定科郎也。三十年,又置功论郎,次都官之下,在删定之上。太宗世,省骑兵。今凡二十曹郎"。则是形成了二十曹郎的格局。且六曹尚书与二十曹郎的隶属关系,"尚书令,任总机衡;仆射、尚书,分领诸曹。左仆射领殿中、主客二曹;吏部尚书领吏部、删定、三公、比部四曹;祠部尚书领祠部、仪曹二曹;度支尚书领度支、金部、仓部、起部四曹;左民尚书领左民、驾部二曹;都官尚书领都官、水部、库部、功论四曹;五兵尚书领中兵、外兵二曹"。

《南齐书》卷十六《百官志》所载分职情况与此同,而在此之前,尚书曹郎自成系统,且地位有高下分别,与列曹尚书并无清晰的隶属关系,至此尚为一大变化;因此黄惠贤先生认为《宋志》和《南齐志》所记实为一事,均是由萧道成所创制,这应该是尚书分领曹郎最早,也是最重要的记载。①

此外,在《南齐书》卷十六《百官志》中对尚书仆射及尚书左、右丞的职掌范围及权力分配都有明确记载。左仆射,"领殿中主客二曹事,诸曹郊庙、园陵、车驾行幸、朝仪、台内非违、文官举补满叙疾假事,其诸吉庆瑞应众贺、灾异贼发众变、临轩崇拜、改号格制、莅官铨选,凡诸除署、功论、封爵、贬黜、八议、疑谳、通关案,则左仆射主,右仆射次经,维是黄案,左仆射右仆射署朱符见字,经都丞竟,右仆射横画成目,左仆射画,令画。右官阙,则以次并画。若无左右,则直置仆射在其中间,总左右事"。尚书左丞,"掌宗庙郊祠、吉庆瑞应、灾异、立作格制、诸案弹、选用除置、吏补满除遣注职"。尚书右丞,"掌兵士百工补役死叛考代年老疾病解遣、其内外诸库藏谷帛、刑罪创业诤讼、田地船乘、禀拘兵工死叛、考剟讨补、差分百役、兵器诸营署人领、州郡租布、民户移徙、州郡县并帖、城邑民户割属、刺史二千石令长〔丞〕尉被收及免赠、文武诸犯削官事。白案,右丞上署,左丞次署。黄案,左丞上署,〔右丞次署〕。诸立格制及详谳大事宗庙朝廷仪体,左丞上署,右丞次署。自令仆以下五尚书八座二十曹,各置郎中令史以下,又置都令史分领之。仆射掌朝轨,尚书掌谳奏,都丞任

---

① 白钢主编,黄惠贤著:《中国政治制度通史·第四卷 魏晋南北朝》,人民出版社,1996年版,第162页。

碎，在弹违诸曹缘常及外详谳事。应须命议相值者，皆郎先立意，应奏黄案及关事，以立意官为议主。凡辞诉有漫命者，曹缘谘如旧。若命有谘，则以立意者为议主"。这都可以反映出尚书内部组织的日益完善。

在这种情况下，尚书机构更加明确了自己的政务职能，而诸卿经过东晋时期的省并调整以及废而复置，其与尚书机构的分工也基本明晰。《宋书》卷六十《王韶之传》载韶之为黄门侍郎，"有司奏东冶士朱道民禽三叛士，依例放遣，韶之启曰：'尚书金部奏事如右，斯诚检亡一时权制，惧非经国弘本之令典。臣寻旧制，以罪补士，凡有十余条，虽同异不絫，而轻重实殊。'"东冶为少府机构，但对东冶政务的处理则由尚书金部而不由少府，王韶之为门下官，具有封驳权，故仅驳尚书而不提少府。又《南齐书》卷三十三《张绪传》载绪为尚书仓部郎，"都令史谘郡县米事，绪萧然直视，不以经怀"。虽然张绪以望白署空为高①，但都令史所谘之郡县米事，亦应当属于政务处理。同书卷四十一《张融传》载融摄祠、仓部二曹，"领〔军〕刘勔战死，祠曹议'上应哭勔不'，融议'宜哭'。于是始举哀。仓曹又以'正

---

① 《梁书》卷三十七《何敬容传》姚察论曰："魏正始及晋之中朝，时俗尚于玄虚，贵为放诞，尚书丞郎以上，簿领文案，不复经怀，皆成于令史。逮乎江左，此道弥扇，惟卞壸以台阁之务，颇欲综理，阮孚谓之曰：'卿常无闲暇，不乃劳乎？'宋世王敬弘身居端右，未尝省牒，风流相尚，其流遂远。望白署空，是称清贵。恪勤匪懈，终滞鄙俗。是使朝经废于上，职事隳于下。小人道长，抑此之由。"（第534页）

月俗人所忌,太仓为可开不',融议'不宜拘束小忌'"。此例中张融摄领的祠曹、仓曹皆主政令,具体执行当由相关之事务部门。

由于材料极其有限,仅能举此三例为证;不过我们认为南朝宋、齐时期,在尚书机构内部组织日益完善,列曹尚书与曹郎隶属关系明晰、权责明确的情况下,尚书主政务、九卿主事务的格局大体形成。从晋初刘颂提出改革意见,到南朝宋、齐出现这样的端倪,其间经过了大约两百年的时间。

萧齐王朝政治混乱,宗室之间屠戮相残,若言改革,则为戏谈。梁朝建立之后,社会较为安定,武帝即位之初,即着手官制方面的改革,到天监七年(508年)形成了十八班制的官班序列,"以班多者为贵,同班者,则以居下者为劣"[①],卿官则增至十二,据《隋书》卷二十六《百官志上》载:"诸卿,梁初犹依宋、齐,皆无卿名。天监七年,以太常为太常卿,加置宗正卿,以大司农为司农卿,三卿是为春卿。加置太府卿,以少府为少府卿,加置太仆卿,三卿是为夏卿。以卫尉为卫尉卿,廷尉为廷尉卿,将作大匠为大匠卿,三卿是为秋卿。以光禄勋为光禄卿,大鸿胪为鸿胪卿,都水使者为太舟卿,三卿是为冬卿。凡十二卿,皆置丞及功曹、主簿。"即恢复东晋、宋、齐时期"有事权置、无事则省"的太仆、大鸿胪、将作大匠为常置,又复置宗正,增加

---

① 《隋书》卷二十六《百官志上》,第729页。

太府、太舟二卿,与此前的太常、大司农、少府、卫尉、廷尉、光禄勋合为十二卿,官名皆加卿字①,大鸿胪、大司农、将作大匠更名鸿胪卿、司农卿、大匠卿;并配以四时。

这次改革顺应了南齐以来尚书主政务九卿主事务的历史趋势,各卿官的机构设置虽都有扩大,但皆是清一色的事务部门,现据《隋书》卷二十六《百官志上》的记载整理如下:

太常卿,十四班,统明堂、二庙、太史、太祝、廪牺、太乐、鼓吹、乘黄、北馆、典客馆等令丞,及陵监、国学等。又置协律校尉、总章校尉监、掌故、乐正之属,以掌乐事。太乐又有清商署丞,太史别有灵台丞。后改陵监为陵令。

宗正卿,十三班,主皇室外戚之籍,以宗室为之。

太府卿,十三班,掌金帛府帑。统左右藏令、上库丞,掌太仓、南北市令。关津亦皆属焉。

卫尉卿,十二班,掌宫门屯兵。卿每月、丞每旬行宫徼,纠察不法。统武库令、公车司马令。

司农卿,十一班,主农功仓廪。统太仓、导官、籍田、上林令,又管乐游、北苑丞,左右中部三仓丞,荚库、荻库、箬库丞,湖西诸屯主。天监九年(510年),又置劝农

---

① 阎步克先生认为,官名加卿字,南齐已经如此。(参氏著《品位与职位——秦汉魏晋南北朝官阶制度研究》,中华书局,2002年版,第380页注释)

谒者。

少府卿，十一班，置材官将军、左中右尚方、甄官、平水署、南塘邸税库、东西冶、中黄、细作、炭库、纸官、柒署等令丞。

廷尉卿，十一班，有正、监、平三人。天监四年（505年），置胄子律博士。

光禄卿，十一班，掌宫殿门户。统守宫、黄门、华林园、暴室等令。

太仆卿，十班，统南马牧、左右牧、龙厩、内外厩丞。

大匠卿，十班，掌土木之工。统左、右校诸署。

鸿胪卿，九班，掌导护赞拜。

太舟卿，九班，梁初为都水台，使者一人，参军事二人，河堤谒者八人。七年，改焉。列卿之最末者也。主舟航堤渠。

可以看出，十二卿基本上承担了当时国家和皇室的各项事务，与汉代九卿最大的不同就是梁代诸卿纯粹为事务官，不具有政务方面的职能。而在东晋、宋、齐时期卿官当中转属省并的机构几乎全部回归，形成清晰的分工合理的事务部门。十二卿当中，太府、太舟为新设之卿。

太府卿，主掌金帛府帑的保藏。东汉少府属官有中藏府令，"掌中币帛金银诸货物"①，西晋少府有中黄，左、右藏

---

① 《后汉书》志第二十六《百官三·少府》中藏府令本注，第3596页。

令,"晋江东置御史,掌库曹,后分库曹曰外左库、内左库。至宋省外左库,而内左库直曰左库"①。可见东晋之后其职务由御史机构中的侍御史承担,以主监察之御史兼管皇室之库藏,此与南朝侍御史甚至御史台地位之下降不无关系②。梁太府卿又掌南、北市及关津等,这当与南朝时期建康经济的发展有关,《太平御览》卷八百二十七《资产部七·市》引山谦之《丹阳记》载:

> 京师四市:建康大市,孙权所立;建康东市,同时立;建康北市,(吴)永安中立;秣陵斗场市,(东晋)隆安中发乐营人交易,因成市也。③

又据《隋书》卷二十四《食货志》载南朝建康附近:

> 都西有石头津,东有方山津,各置津主一人,贼曹一人,直水五人,以检察禁物及亡叛者。其荻炭鱼薪之类过津者,并十分税一以入官。其东路无禁货,故方山

---

① 杜佑:《通典》卷二十六《职官·太府卿·左、右藏署》,第731页。
② 《梁书》卷五十《文学·谢几卿传》载几卿为尚书三公郎,"寻为治书侍御史,旧郎官转为此职者,世谓为南奔。几卿颇失志,多陈疾,台事略不复理"。(第708页)《南齐书》卷三十三《王僧虔传》载僧虔:"寻迁豫章内史。入为侍中,迁御史中丞,领骁骑将军。甲族向来多不居宪台,王氏以分枝居乌衣者,位官微减,僧虔为此官,乃曰:'此是乌衣诸郎坐处,我亦可试为耳。'"(第592页)
③ 李昉等:《太平御览》,中华书局,1960年版,第3688页。

津检察甚简。淮水北有大市百余,小市十余所。大市备置官司,税敛既重,时甚苦之。

可见东晋初建康只有四个市场,南朝时期数量已达十多个,此外还有草市、牛马市、谷市、纱市、盐市等专门市肆①。关津主掌"荻炭鱼薪之类过津者,并十分税一以入官",有津主、贼曹等。市肆津税等事务在宋、齐时期应当由少府掌管,《南齐书》卷五十三《良政·沈宪传》载宪"迁少府卿。少府管掌市易,与民交关,有吏能者,皆更此职"。梁朝改制后归太府管理。

太府卿之设,或许是受北魏制度之影响,但通过考察我们可以看出,其设立也是根据当时经济发展及实际需要,并非凑数或虚置②。且设立之后,亦可使御史机构和太府卿各

---

① 刘淑芬:《六朝时代的建康——市廛、民居与治安》,文收氏著《六朝的城市与社会(增订本)》,南京大学出版社,2021年版,第142—165页;及赵德馨主编,何德章著:《中国经济通史》(第三卷),湖南人民出版社,2002年版,第126—140页。

② 阎步克先生认为:"粗读(《通典》卷二六《职官八》)其文,似乎太府卿始置于梁,北魏继之。不过稍稍留意时间先后,就可知道是北魏太和中置太府卿在前的,太和《后职令》已见其官,而梁设其职反是步其后尘。推测是梁武帝标新立异时急欲凑够十二卿之数,所以对《后职令》所见'太府'一见钟情,便顺手牵羊将之纳入诸卿之中了。"阎先生此处过于臆测。(参氏著《品位与职位——秦汉魏晋南北朝官阶制度研究》,中华书局,2002年版,第381页)

司其职,权责明确①。

太舟卿,主舟航堤渠。西汉武帝置水衡都尉,主掌上林禁苑及部分帝室私藏②,时上林苑设有众多机构,皆属水衡,中有水司空及都水官;光武帝省水衡入少府,以都水属郡国,中央置河堤谒者,"旧河堤谒者,世祖改以三府掾属为谒者领之,迁超御史中丞、刺史,或为小郡"③。曹魏时期置都水台,统河堤谒者及水衡都尉,但水衡非西汉之职,"主天下水军舟船器械"④;西晋武帝承魏置都水台,复罢水衡都尉,而以河堤谒者为都水官属,东晋时期,又省河堤谒者,置谒者六人。"宋孝武帝省都水台,罢都水使者,置水衡令,孝建元年复置;齐有都水台使者一人。梁初与齐同,天监七年(508年)改都水使者为太舟卿,位视中书郎,列卿之最末者。"⑤

---

① 参杜佑:《通典》卷二十四《职官六·中丞》载:"魏晋以来,持书侍御史分掌侍御史所掌诸曹,若尚书二丞。宋代掌举劾,齐、梁并同,皆统侍御史。自宋、齐以来,此官不重,自郎官转持书者,谓之'南奔'。梁天监初,始重其选,车前依尚书二丞给三驺,执盛印青囊,旧事纠弹官印绶在前故也。"(第667页)

② [日]加藤繁:《汉代的国家财政和帝室财政的区别及帝室财政一斑》,文中对水衡机构的职能及其官属有较详细的考证,文收刘俊文主编《日本学者研究中国史论著选译》第三卷《上古秦汉》,黄金山、孔繁敏等译,中华书局,1993年版,第294—388页;及安作璋、熊铁基:《秦汉官制史稿》(上册),齐鲁书社,1984年版,第210—217页。

③ 《后汉书》志第二十四《百官一·太尉》刘昭注引《汉官仪》,中华书局,1965年版,第3559页。

④ 洪饴孙:《三国职官表》,表收《后汉书三国志补表三十种》(下册),中华书局,1984年版,第1485页。

⑤ 杜佑:《通典》卷二十七《职官九·都水使者》,第770页。

同时，梁天监改制之后，增尚书令秩为中二千石，班第十六，形成真正意义上的"权、责、位"相符。此外，在南齐二十曹郎的基础上又增置骑兵、虞曹、屯田三曹，共计二十三曹郎；更为重要的是，天监三年（504年）在曹郎之上，增置尚书侍郎，由"郎中在职勤能，满二岁者，转之"①，使曹郎形成侍郎、郎中两个级别，作为政务部门的尚书机构基本成熟。因此，我们认为尚书省向政务机关过渡，九寺向事务机关过渡的倾向，从东晋中叶已经开始，并在萧梁、北齐时已初具雏形，正式完成于隋唐之际。

天监改革之班阶高下，就卿官而言，基本是以其历代以来所形成的实际地位进行排列的，如太常卿，东晋时期就被视为上卿，《晋书》卷六十八《贺循传》载循为太常，元帝以其清贫，下令曰："循冰清玉洁，行为俗表，位处上卿，而居身服物盖周形而已，屋室财庇风雨。孤近造其庐，以为慨然。其赐六尺床荐席褥并钱二十万，以表至德，畅孤意焉。"前文所引王彪之疏中也提到"太常望雅而职重"，《宋书》卷六十《范泰传》载泰迁侍中，寻转度支尚书，"时仆射陈郡谢混，后进知名，高祖尝从容问混：'泰名辈可以比谁？'对曰：'王元太一流人也。'徙为太常"；南朝时期，王谢诸高门，任太常者多不可数，即使门第二三流者亦常以太常为赠官，此不赘述。

---

① 《隋书》卷二十六《百官志上》，第721页。

又如卫尉，东晋宋初虽一度被省废，刘宋时期孝武帝欲重城禁，因而复置，始置即以宗室刘恢为之，且因其负责城门宿卫而具有非常重要的作用，特别是在宋、齐政变多发之世。《梁书》卷二十二《安成王秀传》载齐东昏之时，萧懿平崔慧景后为尚书令，"弟衡阳王畅为卫尉，掌管籥。东昏日夕逸游，出入无度，众颇劝懿因其出，闭门举兵废之，懿不听"；又《南齐书》卷四十七《谢朓传》载东昏失德，江祐始欲立江夏王宝玄，后又回惑，谋立始安王遥光，遥光即以朓兼知卫尉事，朓惧见引，即以祐等谋告左兴盛，兴盛不敢发言，后遥光闻知，即收谢朓下狱而死。南齐时多以重臣或任或领卫尉，如褚渊、柳世隆（后未拜）、陈显达、李安民、胡谐之、萧颖胄、王晏、萧谌、萧坦之、刘暄、萧懿等①，虽间有寒门，但亦不乏世族，齐明帝萧鸾亦曾任卫尉；故在十二班。

又如少府，宋、齐时期管掌市易，与民交关，有吏能者，皆更此职（见上），故多寒门，《南史》卷十六《毛惠素传》载惠素为少府卿，"吏才强而治事清刻。敕市铜官碧青一千二百斤供御画，用钱六十万。有诮惠素纳利者，世祖怒，敕尚书评贾，贵二十八万余，有司奏之，伏诛。死后家徒四壁，上甚悔恨"；而刘宋时期萧惠开，"除少府，加给事中。惠开素刚，至是益不得志，寺内所住斋前，有向种花草

---

① 参《南齐书》各人本传。

甚美，惠开悉划除，列种白杨树。每谓人曰：'人生不得行胸怀，虽寿百岁，犹为夭也。'发病欧血，吐如肝肺者甚多"；故在十一班。

太仆卿、大匠卿、鸿胪卿在东晋以来就有事权置，无事则省，排在十班、九班应当与此有关；太舟本不在卿列，武帝欲置十二卿以配四时，故为列卿之末，故在九班下列。

由上可见，就卿官而言，梁武帝天监改制是有其脉络可循的，是东晋、宋、齐以来尚书机构与九卿机构不断调整、不断分工的结果，同时也是实际政务和事务在官制中的反映，十二卿地位的班排，也是依据其在当时的客观状况；我们这里不排除梁武帝有意模仿北魏太和制度，但不应过分夸大；另外，梁武帝的改革具有积极和进步的意义，并非平衡利益分配或门阀为自身及其子弟谋私利，是应该予以肯定的评价的。

此外，尚书省为国家政务部门，九卿诸寺为国家事务部门，这样的分工应当在萧梁改制后即已形成，在政务的执行过程当中，尚书机关起考核与节制的作用。魏晋南朝时期，九卿地位一直较高，梁朝虽施行官班制，但九品之制不废[1]，十二卿皆为三品，秩中二千石，改制后尚书令及尚书左右仆射虽为一品、二品，但吏部尚书及列曹尚书皆

---

[1] 参张旭华：《萧梁官品、官班制度考略》，文收氏著《九品中正制略论稿》，中州古籍出版社，2004年版。

三品官，与十二卿为同一品级，秩亦中二千石①，这与唐代列曹尚书为正三品、诸卿为从三品（太常为正三品）的情况稍有不同。

---

① 《隋书》卷二十六《百官志上》。

第二章 魏晋南朝的太常（附宗正）

太常，秦名奉常，掌宗庙礼仪，景帝中六年（前144年）更名太常①。汉代太常的主要职掌，据《后汉书》志第二十五《百官二·太常》本注载："掌礼仪祭祀。每祭祀，先奏其礼仪。及行事，常赞天子。每选试博士，奏其能否。大射、养老、大丧，皆奏其礼仪。每月前晦，察行陵庙。"孙毓棠先生概括为三项：一为礼仪祭祀，二是陵庙寝园，三掌教育与博士官。②

古代国家大事，在祀与戎，因此太常之地位较为清贵。汉自叔孙通制礼仪，后又不断增改，封禅郊祀明堂辟雍皆是

---

① 太常之意，据《汉书》卷十九上《百官公卿表上》师古注曰："太常，王者旌旗也，画日月焉，王有大事则建以行，礼官主奉持之，故曰奉常也。后改曰太常，尊大之义也。"但王先谦《汉书补注》引刘邠曰："颜说太常都非，《晋语》作执秩之官，亦是主礼者，秩亦犹常也，然则古通谓常耳，王建太常自是周礼，秦何庸知之？且礼官主于一旗，亦非义矣。"（王先谦补注：《汉书补注》，书目文献出版社，1995年版，影印本，第275页）

② 参孙毓棠：《汉代的太常》，文收氏著《孙毓棠学术论文集》，中华书局，1995年版，第191页。

大制作，仅从小的方面来说，每年正月诸侯王的朝觐；册立皇太子及诸皇子；皇帝太子的冠礼、加元服、大婚、立皇后、太子立妃、公主出嫁，以及大射乡饮之礼，封侯拜将；田猎、劳军、校猎、飨宴卫士；等等，诸般礼节都由太常制定奏行。汉代太常又是陵庙寝园事务的主管。陵为皇帝之墓，西汉时期皇帝即位之明年，就开始修建自己的陵墓，称为"寿陵"，由将作大匠负责；并且徙诸高门富室于陵墓之所在为县，由太常负责治理，这项政策汉元帝时期废止，同时以诸陵及太常公田分属三辅。汉代太常的第三项职掌就是教育和博士官的选拔。古时宗庙乃星相卜筮等学问的集散地，秦汉此迹仍存，地方求学者多去京师诣太常受业。秦汉时期之博士官"掌通古今"，地位较高，具有议政、制礼、藏书、教授、试策、出使等多项职能①，其与太常的统辖关系不太密切，博士长官称仆射，东汉改称"祭酒"。

西汉时期，太常属官有"太乐、太祝、太宰、太史、太卜、太医六令丞，又均官、都水两长丞，又诸庙寝园食宫令长丞，有雍太宰、太祝令丞，五畤各一尉"②。其中，太祝于景帝中六年（前144年）更名为祠祀，武帝太初元年（前104年）又改为庙祀，并初置太卜。另外，散见于《汉书》记载的太常属官还有太常掾、太常掌故、礼官大夫、曲台署

---

① 张汉东：《论秦汉博士制度》，文收安作璋、熊铁基：《秦汉官制史稿》（上册），齐鲁书社，1984年版，第409—491页。
② 班固：《汉书》卷十九上《百官公卿表上》，第726页。

长、太史掌故、史书令史、写书官、待诏、大曲星、治历、治吏使者、望气、望气佐，以及大量的陵庙官员。东汉时期，太常属官相较西汉省均官、都水、雍太宰、雍太祝、五畤等十官，只剩太常丞、太史令、博士祭酒、太祝令、太宰令、太（予）乐令、高庙令、世祖庙令以及各陵园令及其属员。其中，西汉时之太卜令并入太史；西汉太祝一度更名祠祀、庙祀，东汉复称太祝令；西汉太常及少府属官皆有太医令，东汉太常不置太医，少府仍置。

第一节　魏晋南朝的太常

整个魏晋南朝，太常一直享有较为崇高的地位。曹魏时期，据洪饴孙《三国职官表》，太常可考者有二十人，现结合《三国志》及《晋书》诸传考察他们任职及迁转的情况，见表2-1：

表 2-1

姓名	任太常时间	由何官、爵迁太常	由太常迁转何官	备注
邢贞	黄初二年	魏国中尉、高平侯	不详	《三国志》卷 14《魏书·程昱传》
邢颙	黄初四年	司隶校尉、关内侯	终官太常	《三国志》卷 12《魏书·邢颙传》
董昭	黄初五年	侍中、成都乡侯	转光禄大夫、给事中	《三国志》卷 14《魏书·董昭传》
桓阶	黄初中	尚书令、加侍中，安乐乡侯	终官太常	《三国志》卷 22《魏书·桓阶传》
韩暨	黄初七年至太和中，在官八年	监冶谒者、加司金都尉，南乡亭侯	司徒	《三国志》卷 24《魏书·韩暨传》
赵咨	黄初中	不详	终官太常	《三国志》卷 15《魏书·司马朗传》
和洽	青龙中	光禄勋、封安城亭侯	终官太常	《三国志》卷 23《魏书·和洽传》
常林	景初二年至正始初	光禄勋、高阳乡侯	拜光禄大夫	《三国志》卷 23《魏书·常林传》
高柔	正始六年	廷尉、延寿亭侯	旬日迁司空	《三国志》卷 24《魏书·高柔传》

续表2-1

姓名	任太常时间	由何官、爵迁太常	由太常迁转何官	备注
王肃	正始末至嘉平初	侍中	免官	《三国志》卷13《魏书·王肃传》,坐宗庙事免,后为光禄勋,徙河南尹
王肃①	嘉平六年	河南尹	迁中领军,加散骑常侍	《三国志》卷13《魏书·王肃传》,持节兼太常,奉法驾迎高贵乡公
夏侯玄	嘉平六年	大鸿胪	数年徙太常,谋反伏诛	《三国志》卷9《魏书·夏侯玄传》
任晏	嘉平六年	不详	终官太常	《三国志》卷4《魏书·三少帝纪》注引《魏书》;《晋书》卷45《任恺传》
王祥	正元中	司隶校尉	司空	《晋书》卷33《王祥传》

① 王肃两度任太常,前因宗庙事免官,后起为光禄勋、河南尹,又迁太常。

第二章 魏晋南朝的太常（附宗正）

续表2-1

姓名	任太常时间	由何官、爵迁太常	由太常迁转何官	备注
陈泰	甘露五年	尚书右仆射	不详	《三国志》卷22《魏书·陈泰传》注引干宝《晋纪》①
（？）嘉（史失其姓）	景元五年	不详	不详	《三国志》卷33《蜀书·后主传》
诸葛绪	咸熙末	不详	不详	《晋书》卷31《后妃上·文明王皇后传》
夏侯和	不详	不详	不详	《三国志》卷9《夏侯渊传》注引《世语》曰："和字义权，清辩有才论。历河南尹、太常。"
羊耽	不详	不详	官至太常	《三国志》卷25《魏书·辛毗传》注引《世语》；《晋书》卷93《羊琇传》

---

① 裴松之注曰："泰不为太常，未详干宝所由知之。"

续表2-1

姓名	任太常时间	由何官、爵迁太常	由太常迁转何官	备注
郑袤	甘露年间	光禄勋、领宗正,广昌亭侯	拜光禄大夫	《晋书》卷44《郑袤传》
傅嘏	正元年间	守尚书仆射、封阳乡侯	死后追赠太常	《三国志》卷21《魏书·傅嘏传》

由表中可见,除傅嘏所任太常为死后追赠以及陈泰是否曾任太常存疑外,邢颙和王祥是以司隶校尉迁太常;董昭、王肃以侍中,桓阶以尚书令、加侍中迁太常;由其他卿官迁太常的有和洽(光禄勋)、常林(光禄勋)、高柔(廷尉)、夏侯玄(大鸿胪)、郑袤(光禄勋、领宗正)等人;此外还有以魏国中尉(邢贞;中尉相当于东汉执金吾,为列卿)、河南尹(王肃)、司金都尉(韩暨)迁太常者。而由太常迁转他官者,董昭、常林、郑袤以太常转拜光禄大夫①;韩暨

---

① 魏晋时期,光禄大夫地位很高,《晋书》卷二十四《职官志》载:"(光禄大夫)汉时所置无定员,多以为拜假赠之使,及监护丧事。魏氏已来,转复优重,不复以为使命之官。其诸公告老者,皆家拜此位。及在朝显职,复用加之。及晋受命,仍旧不改,复以为优崇之制。而诸公逊位,不复加之,或更拜上公,或以本封食公禄。其诸卿尹中朝大官年老致仕者,及内外之职加此者,前后甚众。"(第728页)

迁司徒；高柔、王祥迁司空；王肃则迁中领军①，加散骑常侍。

通过上面分析可以看出，曹魏时期多以列卿甚至侍中、尚书令、仆迁太常，而任太常者也多迁三公和其他要职（如中领军），或以光禄大夫而荣退，说明太常在此时期地位优重，依然是九卿之首②。

两晋时期，太常清贵之地位始终如一。《晋书》卷九《简文帝纪》载建元元年（343年）夏五月癸丑，康帝诏曰：

> 太常职奉天地，兼掌宗庙，其为任也，可谓重矣。是以古今选建，未尝不妙简时望，兼之儒雅。会稽王叔③履尚清虚，志道无倦，优游上列，讽议朝肆。其领太常本官如故。

从诏文中可以看出，太常"职奉天地，兼掌宗庙"，因此需简选时望，并兼儒雅者以任职。《晋书》卷六十八《薛兼传》载兼清素有器宇，少与同郡纪瞻、广陵闵鸿、吴郡顾荣、会

---

① 魏晋时期，中领军是重要的禁军首领，一方面领宿卫军，另一方面也典武官选举。[见何兹全：《魏晋的中军》，文收氏著《读史集》，上海人民出版社，1982年版，第264页；以及张金龙：《魏晋南北朝禁卫武官制度研究》（上册），中华书局，2004年版，第99—112页]

② 刘啸：《魏晋南北朝太常研究》，华东师范大学2007年硕士学位论文。

③ 即后之简文帝。

稽贺循齐名，号为"五俊"；初入洛，司空张华见而奇之，曰："皆南金也。"永昌初，王敦表兼为太常。同书同卷《贺循传》载循为太常，时宗庙始建，旧仪多阙，朝廷疑滞皆谘之于循，循辄依经礼而对，为当世儒宗。同书卷七十五《范汪传》载汪为东阳太守，在郡大兴学校，甚有惠政，后桓温北伐，令汪率文武出梁国，以失期免为庶人，汪屏居吴郡，从容讲肆，不言枉直。后至姑孰，见温。温时方起屈滞以倾朝廷，谓汪远来诣己，倾身引望，谓袁宏曰："范公来，可作太常邪？"从薛兼、贺循、范汪三人之例可见，诏文中太常需"妙简时望，兼之儒雅"者并非虚言。

南朝时期，太常地位基本承魏晋不变。《宋书》卷六十《范泰传》载泰为侍中，寻转度支尚书，时仆射陈郡谢混，后进知名，高祖尝从容问混："泰名辈可以比谁？"对曰："王元太一流人也。"于是徙（范泰）为太常。且当时王、谢诸高门任太常或死后追赠太常者，多不可数。萧梁天监改制，以太常卿为春卿，位视金紫光禄大夫，第十四班，为诸卿之首；陈承梁制。

魏晋南朝时期，太常的职掌多沿汉代之旧，主要集中在礼仪、陵庙祭祀、奉使和议谥等方面，下面分类说明。

1. 议礼

这是太常经常且最为重要的职掌，此种事例甚多，如《晋书》卷二十《礼志中》载：

升平元年，帝姑庐陵公主未葬，（尚书）符问太常，冬至小会应作乐不。博士胡讷议云："君于卿大夫，比卒哭不举乐。公主有骨肉之亲，宜阙乐。"太常王彪之云："案武帝诏，三朝举哀，三旬乃举乐；其一朝举哀者，三日则举乐。泰始十年春，长乐长公主薨，太康七年秋，扶风王骏薨，武帝并举哀三日而已。中兴已后，更参论不改此制。今小会宜作乐。"二议竟不知所取。

很明显，国家遇到礼制方面的疑滞，就需太常机构释疑答问，因此由儒雅博学之人担任太常，就不会出现文中所引"二议竟不知所取"了。同书卷八十三《顾和传》载和为太常卿、国子祭酒，"康帝即位，将祀南北郊，和议以为车驾宜亲行。帝从之，皆躬亲行礼"。南朝时期亦复如是，且多有太学博士参与其中，诸史"礼志"多载具体事例，此不作过多引述。

2. 陵庙祭祀

《晋书》卷四十四《华恒传》载恒"拜太常，议立郊祀。尚书刁协、国子祭酒杜彝议，须还洛乃修郊祀。恒议，汉献帝居许，即便郊祭，宜于此修立。司徒荀组、骠骑将军王导同恒议，遂定郊祀。寻以疾求解"，诏曰：

太常职主宗庙，烝尝敬重，而华恒所疾，不堪亲奉职事。夫子称"吾不与祭，如不祭"，况宗伯之任职所司邪！今转恒为廷尉。

从中可见，太常职主宗庙，还要参与一些重要的祭祀活动，华恒因疾废职，故转廷尉。宗庙祭祀事大，若稍有疏漏，太常就会被免职，《晋书》卷三十《刑法志》载惠帝时期，政出群下，每有疑狱，各立私情，刑法不定，狱讼繁滋。尚书裴頠表陈之曰：

去元康四年（294年），大风之后，庙阙屋瓦有数枚倾落，免太常荀寓。于时以严诏所谴，莫敢据正。然内外之意，佥谓事轻责重，有违于常。会五年二月有大风，主者惩惧前事。臣新拜尚书始三日，本曹尚书有疾，权令兼出，按行兰台。主者乃瞻望阿栋之间，求索瓦之不正者，得栋上瓦小邪十五处。或是始瓦时邪，盖不足言，风起仓卒，台官更往，太常按行，不及得周，文书未至之顷，便竞相禁止。

又提到：

今年八月，陵上荆一枝围七寸二分者被斫，司徒太常，奔走道路，虽知事小，而案劾难测，搔扰驱驰，各竞免负，于今太常禁止未解。

虽然当时狱讼繁滋,但因有数枚庙阙屋瓦倾落而免太常荀寓也确实有些"事轻责重",后又有大风,"主者乃瞻望阿栋之间,求索瓦之不正者,得栋上瓦小邪十五处",尚书、太常有若惊弓之鸟;而帝陵上有荆枝被砍,以致"司徒太常,奔走道路",虽知事小,但案劾难测;可见太常一职,实属不易。其实两汉以来即如此,《汉书》卷十九下《百官公卿表下》载有很多太常因小事而被免职的事例,如"绳侯周平为太常,四年,坐不缮园陵免";"俞侯栾贲为太常,坐牺牲不如令免";"广阿侯任越人为太常,坐庙酒酸论";"当涂侯魏不害为太常,六年,坐孝文庙风发瓦免";等等。而西晋元康四年(294年)太常荀寓因风吹庙瓦被免官正与西汉当涂侯魏不害的情况相同,因此韦玄成之兄韦弘为太常丞,"职奉宗庙,典诸陵邑,烦剧多罪过",其父韦贤让其辞职,"弘怀谦,不去官,及贤病笃,弘竟坐宗庙事系狱"[1]。

3. 奉使

《晋书》卷四十《贾充传》载充于太康三年(282年)四月薨,"帝为之恸,使使持节、太常奉策追赠太宰,加衮冕之服、绿綟绶、御剑……"同书卷九十八《王敦传》载王敦攻入石头之后,收周顗、戴若思害之,"以敦为丞相、江州牧,进爵武昌郡公,邑万户,使太常荀崧就拜,又加羽葆鼓吹"。以太常奉使,皆说明其人其事的地位、重要性非同一般。

---

[1] 班固:《汉书》卷七十三《韦玄成传》,第3108页。

4. 议谥

《晋书》卷八十九《忠义·嵇绍传》载太尉、广陵公陈准薨，太常奏谥，绍驳曰："谥号所以垂之不朽，大行受大名，细行受细名，文武显于功德，灵厉表于暗蔽。自顷礼官协情，谥不依本。准谥为过，宜谥曰缪。"不过具体议谥之官为太常博士，太常仅负责上奏而已。

魏晋南朝时期太常之地位虽然清贵，但事务繁杂，且非权势之中心，因此亦有不愿为之者，《宋书》卷七十五《王僧达传》载世祖即位，以僧达为尚书右仆射，但王僧达自负才地，谓当时莫及，意望不满，世祖以其无厌，"孝建三年，除太常，意尤不悦。顷之，上表解职"。《南齐书》卷二十四《张瑰传》载永明十年（492年），瑰转太常，"自陈衰疾，愿从闲养。明年，转散骑常侍、光禄大夫"。《初学记》卷十二《职官部下·太常卿》载陈沈炯《为周弘正让太常表》：

> 臣闻玉舄雕楹，不取材于蟠木，丹珠绣黼，岂袭冕于薜萝？何则？适用各有其宜，朝野不可一指，叔孙之野外定礼，倍资典实，刁协之躬为唱引，岂易其仪，傥九宾阙相，封禅失仪，责以司存，云谁之咎？况南史执简，转见违才，君举必书，尤难妄冒。①

---

① 徐坚等：《初学记》，中华书局，1962年版，第302页。

虽让表为虚套，但所言可谓实情。

第二节 魏晋南朝的太常机构

曹魏时期的太常机构，据洪饴孙《三国职官表》太常统"太常博士、协律都尉、太学博士及祭酒、太史令、太庙令、太祝令、太乐令、陵园邑令等"[1]；其中太常博士、协律都尉为曹魏所置，又省太宰令，其余承东汉不变。

西晋太常"有博士、协律校尉员，又统太学诸博士、祭酒及太史、太庙、太乐、鼓吹、陵等令，太史又别置灵台丞"[2]。其中协律校尉由曹魏时期的协律都尉改，置鼓吹令；此外晋武帝时设立的国子学亦归太常管辖。

南朝刘宋时期，据《宋书》卷三十九《百官志上》其属官有太学博士、国子祭酒、国子博士、国子助教等，又统太庙令、明堂令、太祝令、太史令、太乐令、诸陵令及乘黄令。

南齐时期，据《南齐书》卷十六《百官志》，太常属官有太常博士、国子祭酒、国子博士、国子助教、总明观祭酒，及太庙令、明堂令、太祝令、太史令、廪牺令、太乐令、诸陵令等。乘黄令则转属大鸿胪，"掌五辂安车，大行

---

[1] 洪饴孙：《三国职官表》，表收《后汉书三国志补表三十种》（下册），中华书局，1984年版，第1319—1330页。
[2] 《晋书》卷二十四《职官志》，第735—736页。

凶器辒辌车"①。

萧梁天监改制后，以太常、宗正和司农三卿为春卿，而太常卿"视金紫光禄大夫，统明堂、二庙、太史、太祝、廪牺、太乐、鼓吹、乘黄、北馆、典客馆等令丞，及陵监、国学等。又置协律校尉、总章校尉监、掌故、乐正之属，以掌乐事。太乐又有清商署丞，太史别有灵台丞"②。陈朝基本循梁之旧。

1. 太常博士

太常博士为魏文帝之创制，西晋因之，"掌引导乘舆。王公已下应追谥者，则博士议定之"③。可见太常博士主要职掌为议谥，西晋时期此例甚多，《晋书》卷三十三《何曾传》载何曾于武帝咸宁四年（278年）薨，将葬，下礼官议谥。博士秦秀谥为"缪丑"，帝不从，策谥曰孝。同书卷三十八《梁王肜传》载肜于惠帝永康二年（301年）薨，博士陈留蔡克议谥曰：

> 肜位为宰相，责深任重，属尊亲近，且为宗师，朝所仰望，下所具瞻。而临大节，无不可夺之志；当危事，不能舍生取义；愍怀之废，不闻一言之谏；淮南之难，不能因势辅义；赵王伦篡逆，不能引身去朝。宋有

---

① 《南齐书》卷十六《百官志》，第319页。
② 《隋书》卷二十六《百官志上》，第724页。
③ 《晋书》卷二十四《职官志》，第736页。

荡氏之乱，华元自以不能居官，曰"君臣之训，我所司也。公室卑而不正，吾罪大矣"。夫以区区之宋，犹有不素餐之臣，而况帝王之朝，而有苟容之相，此而不贬，法将何施。谨案《谥法》"不勤成名曰灵"，肜见义不为，不可谓勤，宜谥曰灵。

汉代以来的五经博士曹魏时期名为太学博士，掌以五经教授子弟，东汉有博士十四人：《易》四，施、孟、梁丘、京氏；《尚书》三，欧阳、大小夏侯氏；《诗》三，鲁、齐、韩氏；《礼》二，大小戴氏；《春秋》二，《公羊》严、颜氏；掌教弟子，国有疑事，掌承问对。比六百石。本为四百石，宣帝增秩。曹魏时期增至十九人，《宋书》卷三十九《百官志上》载"魏及晋西朝置十九人，江左初减为九人，皆不知掌何经"。魏末学业沉陨，太学生虽有数千人，皆避役饱食之徒，《三国志》卷十三《魏书·王肃传》注引《魏略》曰："从初平之元，至建安之末，天下分崩，人怀苟且，纲纪既衰，儒道尤甚。至黄初元年之后，新主乃复，始扫除太学之灰炭，补旧石碑之缺坏，备博士之员录，依汉甲乙以考课。申告州郡，有欲学者，皆遣诣太学。太学始开，有弟子数百人。至太和、青龙中，中外多事，人怀避就。虽性非解学，多求诣太学。太学诸生有千数，而诸博士率皆粗疏，无以教弟子。弟子本亦避役，竟无能习学，冬来春去，岁岁如是。又虽有精者，而台阁举格太高，加不念统其大义，而问字指墨法点注之间,百人同试,度者未十。是以志学之士,遂复陵迟,而末求浮虚者各竞逐也。正始中,有诏议圜丘,普延学士。是时郎官及司徒领吏二万余人,虽复分布,见在京师者尚且万人,而应书与议者略无几人。又是时朝堂公卿以下四百余人,其能操笔者未有十人,多皆相从饱食而退。嗟夫。学业沉陨,乃至于此。"此应当是汉末经学衰弊之后依然元气未复。至于魏时所立诸经已非汉代之今文学,而为贾马郑王之古文学,则是经学史上的大问题,王国维《汉魏博士考》[①]一文详之,此不赘。

2. 协律都尉

汉武帝置协律都尉,以外戚李延年为之,《晋书》卷十六《律历志上》载:

> 及汉兴,承秦之弊,张苍首治律历,颇未能详。故孝武帝正乐,乃置协律之官,虽律吕清浊之体粗正,金石高下之音有准,然徒捃采遗存,以成一时之制,而数犹用五。

可见协律之官主掌校正音律。汉代不属太常,延年之后亦不见有人任之。魏武帝时复置,且以之属太常,"掌举麾节乐、

---

① 参王国维:《汉魏博士考》,文收氏著《观堂集林》(第一册),中华书局,1959年版,第174—217页。

调和律吕，监试乐人典课"①，以杜夔为之。西晋改为协律校尉，南朝宋、齐、梁、陈皆置此官。

梁朝太常属官又有总章校尉监、掌故、乐正之属，以掌乐事。若协律校尉掌举麾节乐、调和律吕的话，总章校尉似掌舞，《后汉书》卷九《献帝纪》载建安八年（203年），"总章始复备八佾舞"，则是往因战乱而废，今又备之。又《宋书》卷十九《乐志一》载宋文帝元嘉十三年（436年），"司徒彭城王义康于东府正会，依旧给伎。总章工冯大列：'相承给诸王伎十四种，其舞伎三十六人。'"总章有舞伎，皆能说明总章掌舞。西晋时期即有总章，应属太常，《晋书》卷二十二《乐志上》载：

> 泰始九年，光禄大夫荀勖以杜夔所制律吕，校太乐、总章、鼓吹八音，与律吕乖错，乃制古尺，作新律吕，以调声韵。律成，遂班下太常，使太乐、总章、鼓吹、清商施用。

既言"班下太常，使太乐、总章、鼓吹、清商施用"，则说明总章为太常属官，至于《晋书·职官志》中总章无载，或因当时其机构较小。此外，掌故、乐正之属，当都与礼乐有关。

---

① 洪饴孙：《三国职官表》，表收《后汉书三国志补表三十种》（下册），中华书局，1984年版，第1323页。

3. 太史令

东汉时期,太史令"掌天时、星历。凡岁将终,奏新年历。凡国祭祀、丧、娶之事,掌奏良日及时节禁忌。凡国有瑞应、灾异,掌记之"①,下置明堂及灵台二丞。曹魏承汉置太史令,但不置明堂丞,魏明帝时期,高堂隆以侍中领太史令。魏晋以来,太史令之职掌基本承东汉不变,"掌三辰时日祥瑞妖灾,岁终则奏新历"②;晋太史令品第七,秩六百石,铜印墨绶,进贤一梁冠,绛朝服。江左,高璝以侍中、陈卓以义熙守、吴道欣以殿中侍御史兼领太史。南朝宋、齐、梁、陈,均同晋制。③

4. 太庙令

东汉有高庙令和世祖庙令各一人,守庙,"掌案行扫除"。汉建安十八年(213年)曹操为魏公时于邺立五庙,后虽进爵为王,无所改易;文帝黄初四年(223年),"有司奏立二庙,太皇帝大长秋与文帝之高祖共一庙,特立武帝庙,百世不毁"④;明帝太和三年(229年),洛京庙成,"则以亲尽迁处士主置园邑,使行太傅太常韩暨、行太常宗正曹恪持节迎高皇以下神主,共一庙,犹为四室而已",至景初元年(237年)六月,群公有司始更奏定七庙之制,"于太

---

① 《后汉书》志第二十五《百官二》,第3572页。
② 《宋书》卷三十九《百官志上》,第1229页。
③ 李林甫等:《唐六典》卷十《秘书省·太史局》本注,第302页。
④ 《三国志》卷三《魏书·明帝纪》裴松之按语。

祖庙北为二祧，其左为文帝庙，号曰高祖昭祧，其右拟明帝，号曰烈祖穆祧。三祖之庙，万世不毁。其余四庙，亲尽迭迁"①，文帝、甄后别立寝庙，明帝又别立平原主庙。西晋泰始二年（266年），营太庙，"致荆山之木，采华山之石；铸铜柱十二，涂以黄金，镂以百物，缀以明珠"②，并以太庙初建，"诏普增位一等"③。张华为太常，"以太庙屋栋折，免官"④。南朝刘宋，太庙令领斋郎二十四人；齐、梁以下皆有。

5. 太祝令

东汉太祝，"掌凡国祭祀，掌读祝，及迎送神"，有丞一人，"掌祝小神事"。⑤ 魏晋沿置，但两晋似不属太常。南朝宋、齐有太祝令，属太常，《唐六典》卷十四《太常寺卿》本注引《齐职仪》曰："太祝令，品第七，四百石，铜印墨绶，进贤一梁冠，绛朝服，用三品勋位"⑥；梁、陈时期，太祝令为一班。⑦

6. 太乐令

东汉太乐令"掌伎乐。凡国祭祀，掌请奏乐，及大飨用

---

① 《晋书》卷十九《礼志上》，第601—602页。
② 《晋书》卷三《武帝纪》，第54页。
③ 《晋书》卷五十一《挚虞传》，第1426页。
④ 《晋书》卷三十六《张华传》，第1071页。
⑤ 《后汉书》志第二十五《百官二》，第3572页。
⑥ 李林甫等：《唐六典》，第397页。
⑦ 《隋书》卷二十六《百官志上》。

乐,掌其陈序"①。杜夔汉末以知音为雅乐郎,后以世乱奔荆州,刘琮降后,魏武帝得夔以为军谋祭酒,参太乐事,令创制雅乐,"夔善钟律,聪思过人,丝竹八音,靡所不能,惟歌舞非所长。时散郎邓静、尹齐善咏雅乐,歌师尹胡能歌宗庙郊祀之曲,舞师冯肃、服养晓知先代诸舞,夔总统研精,远考诸经,近采故事,教习讲肄,备作乐器,绍复先代古乐,皆自夔始也"②。文帝黄初中为太乐令、协律都尉。西晋沿置。

永嘉之乱,海内分崩,伶官乐器,皆没于刘、石;《晋书》卷二十三《乐志下》载东晋之初,以无雅乐器及伶人,省太乐并鼓吹令,咸和中,成帝乃复置太乐官,鸠集遗逸,而尚未有金石也。庾亮为荆州,与谢尚修复雅乐,未具而亮薨。庾翼、桓温专事军旅,乐器在库,遂至朽坏焉。及慕容儁平冉闵,兵戈之际,而邺下乐人亦颇有来者。永和十一年(355年),谢尚镇寿阳,于是采拾乐人,以备太乐,并制石磬,雅乐始颇具。

南朝时期,《唐六典》卷十四《太常寺·太乐署》本注曰:"宋太常有太乐令、丞。齐因之,品第七,四百石,铜印墨绶,进贤一梁冠,绛朝服。梁太常属官有太乐令,班第一,品从九;又别领清商丞。太乐有库丞,与清商丞并三品

---

① 《后汉书》志第二十五《百官二》,第3573页。
② 《三国志》卷二十九《魏书·方技·杜夔传》,第806页。

蕴位。陈因之。"①《南齐书》卷二十八《崔思祖传》载齐高帝即位之初，崔思祖启陈政事中说"今户口不能百万，而太乐雅、郑，元徽时校试千有余人，后堂杂伎，不在其数，糜废力役，伤败风俗。今欲拨邪归道，莫若罢杂伎，王庭唯置钟簴、羽戚、登歌而已。如此，则官充给养，国反淳风矣"。从中可见当时奢靡之风。

7. 诸陵令

东汉时期的先帝陵，每陵园令各一人，六百石，"掌守陵园，案行扫除"；有丞及校长各一人，其中校长"主兵戎盗贼事"；每陵又有食官令各一人，六百石，"掌望晦时节祭祀"。曹魏沿置，两晋及南朝宋、齐时期，据《唐六典》卷十四《太常寺·诸陵署》本注曰："晋太常统陵令、丞、主簿、录事、户曹史、禁备吏各一人，侍一人；凡吏四人，卒一人。宋太常统陵令"；又引《齐职仪》曰："每陵令一人，品第七，秩四百石，铜印墨绶，进贤一梁冠，绛朝服。旧用三品勋为，孝建三年改为二品。"②萧梁太常统诸陵监，后"诏以为陵监之名，不出前诰，且宗庙宪章，既备典礼，园寝职司，理不容异，诸正陵先立监者改为令。于是陵置令矣"③。陈承梁制。

---

① 李林甫等：《唐六典》，第402页。
② 李林甫等：《唐六典》，第400—401页。
③ 《隋书》卷二十六《百官志上》，第724页。

先秦宗庙之制，前有庙，后有寝①。据《后汉书》志第九《祭祀下》载，"庙"用以安放神主，"以四时祭"；"寝"则用以列陈衣冠、几杖等象生之具，"以荐新物"。秦时始把"寝"从宗庙中分出建造在陵墓之侧，西汉沿袭。秦及西汉时期，"庙"一般建于陵园外附件地方，"寝"则在陵园之内，故陵园也称"寝园"或"陵寝"。东汉明帝废除了"陵旁立庙"的制度，而以太庙代替之，把先帝集中于太庙一并祭祀；同时又实行上陵礼，从而使陵园中"寝"的规模扩大，陵园内设石殿和钟虡，陵前则有石象、石马等列石②。

魏晋南朝时期，陵寝制度进入衰退期。由于汉末战乱频繁，诸陵多被发掘，有鉴于此，曹魏一代推行薄葬，魏武帝曹操在建安二十三年（218年）预选西门豹祠西原上为寿陵时，令曰："因高为基，不封不树"。③ 又"豫自制送终衣服四箧，题识其上，春秋冬夏，日有不讳，随时以敛，金珥珠玉铜铁之物，一不得送"④，文帝遵奉，无所增加。后曹丕于黄初三年（222年）表首阳山东为寿陵，作《终制》曰：

---

① 曾资生："在古代氏族宗法时代，社会的组织以血缘为其重要纽带，因而一切的社会政治的活动均集中于宗庙，古代的朝廷，即庙廷，古金文朝庙通假，实一字之分化。一切的祀戎大事与王政措施，无不行之于庙。当时的所谓'宫''寝''庙''太室''明堂'，实际都是宗庙，因宗庙内部建筑之部分不同而异其称谓。"（曾资生：《中国政治制度史》，重庆南方印书馆，1943年版，第91页）
② 潘伟斌：《魏晋南北朝隋陵》，中国青年出版社，2004年版，第17页。
③ 《三国志》卷一《魏书·武帝纪》，第51页。
④ 《晋书》卷二十《礼志中》，第632页。

"寿陵因山为体，无为封树，无立寝殿，造园邑，通神道。"①
且诏书藏之宗庙，副在尚书、秘书、三府，明帝亦遵奉之。
这对两晋南朝的陵墓营建影响很大，司马懿也预作《终制》：
"于首阳山为土藏，不坟不树。作《顾命》三篇，敛以时服，
不设明器，后终者不得合葬。"② 终晋一朝，所建帝陵皆以山
为体，西晋五陵也没有恢复陵寝制度和上陵礼仪。东晋虽恢
复上陵礼仪，但陵寝规模远较东汉为小，除穆帝一陵外，其
余诸陵均不起坟，与山浑为一体。

南朝曾一度部分恢复了东汉的陵寝制度，如在帝陵前建
有神道，立石刻，恢复上陵礼仪，但终归没有恢复到两汉时
的规模，其大体上还是沿袭东晋制度，多数帝陵依山腰、山
麓而建，不很显著，但南朝帝陵起坟的要比东晋多③。

8. 鼓吹令

鼓吹，本汉乐曲之名，萧涤非先生认为源于西域，其在
《汉魏六朝乐府文学史》中考证说："《汉书·叙传》云：
'始皇之末，班壹避墬于楼烦，致马牛羊数千群。值汉初定，
与民无禁，当孝惠、高后时，以财雄边，出入弋猎，旌旗鼓
吹。'此鼓吹字之始见于史籍者。刘瓛《定军礼》云：'鼓
吹，未知其始也。汉班壹雄朔野而有之矣，鸣笳以和箫声，

---

① 《三国志》卷二《魏书·文帝纪》，第81页。
② 《晋书》卷一《宣帝纪》，第20页。
③ 参杨宽：《中国古代陵寝制度史研究》，上海人民出版社，2003年版，
第46页。

非八音也。'则知鼓吹乃夷乐,非中土旧有之声调。陆机所谓'原鼓吹之伊始,盖秉命于黄轩',盖属无稽。按《尚书通考》:'后魏太武帝通西域,以般悦国鼓吹,设于乐部署。'足见西域诸国实为鼓吹之发源地,自汉以后犹然也。"①

据《后汉书》志第五《礼仪中》刘昭注引蔡邕《礼乐志》记载,汉乐可分四品,一曰《大予乐》,典郊庙、上陵殿、诸食举之乐;二曰《周颂·雅乐》,典辟雍、飨射、六宗、社稷之乐;三曰《黄门鼓吹》,天子所以宴乐群臣也;四曰《短箫铙歌》,是为军乐。此处的"黄门鼓吹"与"短箫铙歌"据宋人郭茂倩考证,"通名鼓吹,但所用异尔"②,而魏晋之鼓吹,所指即汉代之短箫铙歌,本为军乐,后亦以赐功臣。《唐六典》卷十四《太常寺·鼓吹署》本注曰:"后汉少府属官有承华令,典黄门鼓吹百三十五人、百戏师二十七人。晋遂置鼓吹令、丞,属太常。元帝省太乐并于鼓吹;哀帝又省鼓吹而存太乐。宋、齐并无其官。至梁,太常卿统鼓吹令、丞及清商署,陈因之。"③

9. 明堂令

东汉时期太史令下有明堂丞,魏晋不置,刘宋大明中始置明堂令。齐、梁、陈沿袭,皆属太常。明堂制度较为复

---

① 萧涤非:《汉魏六朝乐府文学史》,人民文学出版社,1984年版,第47—48页。
② 郭茂倩:《乐府诗集》卷十六《鼓吹曲辞一·序》,中华书局,1979年版,第224页。
③ 李林甫等:《唐六典》,第406页。

杂，《后汉书》志第八《祭祀中》刘昭注引有蔡邕《明堂论》一文，今人张一兵先生有专书《明堂制度研究》① 可供参考，此不述。

10. 廪牺令

西汉左冯翊（即左内史）属官有廪牺令、丞、尉，师古注曰："廪主藏谷，牺主养牲，皆所以供祭祀也。"② 后转属大司农；东汉时期，又复属河南尹，"掌祭祀牺牲雁鹜之属"。《唐六典》卷十四《太常寺·廪牺署》本注曰："后汉河南尹属官有廪牺令、丞，魏、晋因之。宋、齐亦有令、丞。《齐职仪》：'令，品第七，秩四百石，铜印墨绶，进贤一梁冠，绛朝服。今用三品勋位。'梁太常卿统廪牺令、丞，为三品勋位。陈因之。"③

11. 乘黄令

乘黄令，"掌乘舆车及安车诸马"④，曹魏所置，"后汉太仆有未央厩令。魏改为乘黄厩"⑤；西晋承魏，乘黄厩令属太

---

① 张一兵：《明堂制度研究》，中华书局，2005年版。
② 班固：《汉书》卷十九上《百官公卿表上》，第736页；同书卷七十六《韩延寿传》载："延寿代萧望之为左冯翊，而望之迁御史大夫。侍谒者福为望之道延寿在东郡时放散官钱千余万。望之与丞相丙吉议，吉以为更大赦，不须考。会御史当问东郡，望之因令并问之。延寿闻知，即部吏案校望之在冯翊时廪牺官钱放散百余万。廪牺吏掠治急，自引与望之为奸。"（第3214页）
③ 李林甫等：《唐六典》，第414页。
④ 《宋书》卷三十九《百官志上》，第1229页。
⑤ 杜佑：《通典》卷二十五《职官·太仆卿·乘黄署》，第707页。

仆①，东晋时期太仆省置不定，乘黄令或于此时转属太常，刘宋沿置。

12. 客馆令

曹魏大鸿胪属官有客馆令，"主诸郎，治郡邸之在京师者"②。西晋改为典客令，依旧属大鸿胪；及渡江，大鸿胪不常置，典客令省废不详，《晋书》卷二十七《五行志上》载孝武帝太元十三年（388年）十二月，"乙未，延贤堂灾。是月丙申，螽斯则百堂及客馆、骠骑府库皆灾。于时朝多弊政，衰陵日兆，不哲之罚，皆有象类，主相不悟，终至乱亡。会稽王道子宠幸尼及姆母，各树用其亲戚，乃至出入宫掖，礼见人主。天戒若曰，登延贤堂及客馆者多非其人，故灾之也"。则东晋有客馆，但是否主外交则不可知，据文意似与延贤堂性质相近，为礼贤之所。刘宋时期"分置南、北客馆令"③，但所属不详，萧齐大鸿胪属官有客馆令，"掌四方宾客"；萧梁时期太常则有典客馆令、丞。

---

① 《晋书》卷二十四《职官志》，第736页。
② 洪饴孙：《三国职官表》，表收《后汉书三国志补表三十种》（下册），中华书局，1984年版，第1373页。
③ 杜佑：《通典》卷二十六《职官八·鸿胪卿·典客署》，第725页。

第三节　魏晋南朝的宗正

宗正是管理皇室宗族和外戚事务的官员，汉魏以来其职掌基本无大变化。西汉时期，宗正"属官有都司空令丞，内官长丞。又诸公主家令、门尉皆属焉"①，都司空令主督造砖瓦②；内官长丞，据颜师古注，是主分寸尺丈之官，"初，内官属少府，中属主爵，后属宗正"③；诸公主家令、门尉等官两汉皆置，"每主家令一人，六百石。丞一人，三百石。其余属吏增减无常"④，王先谦《后汉书集解》引李祖楙曰："汉时长公主官属异于诸公主，《汉官仪》曰：长公主官属，傅一人，员吏五人，驺仆射五人，私府长、食官长、永巷令、家令各一人，所注不同。"⑤

东汉宗正，中二千石，《后汉书》志第二十六《百官三》本注曰："掌序录王国嫡庶之次，及诸宗室亲属远近，郡国

---

① 班固：《汉书》卷十九上《百官公卿表上》，第730页。
② 安作璋、熊铁基：《秦汉官制史稿》（上册），齐鲁书社，1984年版，第104页。
③ 班固：《汉书》卷十九上《百官公卿表上》，第730页。
④ 《后汉书》志第二十六《百官三·宗正》，又刘昭注引《汉官》曰："主簿一人，秩六百石。仆一人，秩六百石。私府长一人，秩六百石。家丞一人，三百石。直吏三人，从官二人。"（第3589页）
⑤ 范晔撰，王先谦集解：《后汉书集解》，中华书局，1984年版，影印本，第1320页。

岁因计上宗室名籍。若有犯法当髡以上，先上诸宗正，宗正以闻，乃报决。"有丞一人，比千石；中兴之后省都司空令丞。

宗正管理皇族和外戚的名籍、恩赐、褒奖和各类优待事宜，同时宗室外戚如果有罪当髡以上，皆先报宗正，再由宗正转报皇帝进行处理，其他司法机构则无权过问；"两汉皆以皇族为之，不以他族"①，曹魏也是如此，西晋则兼以庶姓。《太平御览》卷二三〇《职官部二十八·宗正卿》引《山公启事》曰："羊祜忠笃宽厚，然不长理剧，宗正卿缺，不审可转作否？"②《晋书》卷三十三《王览传》载武帝咸宁初，诏曰："览少笃至行，服仁履义，贞素之操，长而弥固。其以览为宗正卿。"咸宁三年（277 年），武帝置"宗师"，以扶风王司马亮任此职，《晋书》卷五十九《汝南王亮传》载："时宗室殷盛，无相统摄，乃以亮为宗师，本官如故，使训导观察，有不遵礼法，小者正以义方，大者随事闻奏。"同书卷三《武帝纪》载其诏曰："宗室戚属，国之枝叶，欲令奉率德义，为天下式。然处富贵而能慎行者寡，召穆公纠合兄弟而赋《唐棣》之诗，此姬氏所以本枝百世也。今以卫将军、扶风王亮为宗师，所当施行，皆谘之于宗师也。"可见宗师是宗室之表率，且负有"训导观察"之责，宗室不遵礼法，宗师或正以义方，或随事闻奏，并且国家有大的举

---

① 杜佑：《通典》卷二十五《职官七·宗正卿》，第 703 页。
② 李昉等：《太平御览》，中华书局，1960 年版，第 1093 页。

措,应先谘于宗师以示尊崇。

西晋宗正"统皇族宗人图谱,又统太医令史,又有司牧掾员"①。太医令东汉属少府,"晋铜印墨绶,进贤一梁冠,绛朝服,而属宗正"②;至于以司牧掾官属宗正,则不详其制。

东晋穆帝时期,王彪之提出"六卿之任,太常望雅而职重,然其所司,义高务约。宗正所统盖鲜,可以并太常"③,但当时并没有实现;后哀帝时期,桓温主政,以宗正并入太常,太医则转属门下④。

南朝宋、齐时期承东晋不置宗正,以其所掌并太常。《宋书》卷七十九《文五王·武昌王浑传》载孝建元年(454年),浑迁使持节、监雍、梁、南北秦四州、荆州之竟陵随二郡诸军事、宁蛮校尉、雍州刺史,(征虏)将军如故,"浑至镇,与左右人作文檄,自号楚王,号年为永光元年,备置百官,以为戏笑。长史王翼之得其手迹,封呈世祖。上使有司奏免为庶人,下太常,绝其属籍,徙付始安郡"。宗室有罪而使有司下太常以绝其属籍,正说明太常兼掌宗正之事。

梁武帝天监七年(508年),五月乙卯,"诏复置宗正、太仆、大匠、鸿胪"⑤,以宗正为春卿,"位视列曹尚书,主

---

① 《晋书》卷二十四《职官志》,第737页。
② 杜佑:《通典》卷二十五《职官七·太常卿·太医署》,第696页。
③ 《晋书》卷七十六《王彪之传》,第2008页。
④ 《晋书》卷二十四《职官志》,第737页。
⑤ 《梁书》卷二《武帝纪中》,第47页。

皇室外戚之籍。以宗室为之"①，十三班。梁朝虽复置宗正，也多由他官兼、领。如《梁书》卷二十二《太祖五王·安成王秀传》载天监十一年（512年）征秀为侍中、中卫将军，"领宗正卿、石头戍事"。同书同卷《太祖五王·鄱阳王恢传》载天监十年（511年），征恢为侍中、护军将军、石头戍军事，"领宗正卿"。同书卷二十三《桂阳嗣王象传》载象"除中书侍郎，俄以本官行石头戍军事，转给事黄门侍郎、兼领军，又以本官兼宗正卿"；同书卷二十四《萧景传附弟昌传》载天监十三年（514年），起萧昌"为散骑侍郎，寻以本官兼宗正卿。其年，出为安右长史。累迁太子中庶子、通直散骑常侍，又兼宗正卿"。陈朝基本同梁制，《陈书》卷十四《南康愍王昙朗传附子方庆传》载陈方庆天嘉中，封林汝县侯，"寻为给事中、太子洗马，权兼宗正卿，直殿省"。同书卷三十六《新安王伯固传》载陈伯固为侍中、镇右将军，寻除护军将军，又为国子祭酒，领左骁骑将军，太建十二年（580年），"领宗正卿"。

---

① 《隋书》卷二十六《百官志上》，第724页。

附　考　两晋南朝的国子学

西晋时期中央教育方面之一大变化就是国子学的设立。曹魏末年，太学生猥滥，诸生多为避役而来，齐王正始中刘靖曾上书曰："自黄初以来，崇立太学二十余年，而寡有成者，盖由博士选轻，诸生避役，高门子弟，耻非其伦，故无学者。"太学空有其名而无其实，刘靖又提出"宜高选博士，取行为人表，经任人师者，掌教国子。依遵古法，使二千石以上子孙，年从十五，皆入太学"①。申明黜陟之路，经明行修者则进之，荒废学业者则退之，这样就能够使浮华交游之徒不禁自息。但当时刘靖的建议并没有得到采纳。

西晋武帝时期，开始对太学生进行整顿。泰始八年（272年），有司奏以太学生七千余人中，"才任四品者，听留"，武帝诏曰："已试经者留之，其余遣还郡国。大臣子弟堪受教者，令入学。"② 又于咸宁二年（276年），起国子学，"定置国子祭酒、博士各一人，助教十五人，以教生徒"③，同时其目的也较为明显，即以"贵游子弟所谓国子"者为国学生源；到惠帝元康三年（293年），又明确规定五品以上官

---

① 《三国志》卷十五《魏书·刘馥传》，第464页。
② 《宋书》卷十四《礼志一》，第356页。
③ 《晋书》卷二十四《职官志》，第736页。

员之子弟得如国学①，一般认为，这与当时门阀世族的发展有关。② 国子学设立之后，太学不废，但以一般官僚和庶民子弟为生源；晋承魏制，置博士十九人，"博士皆取履行清淳，通明典义者，若散骑常侍、中书侍郎、太子中庶子以上，乃得召试"③。

东晋之初，元帝恢复太学，但国子学未复，成帝咸康三年（337年），袁瑰时任国子祭酒，时丧乱之后，礼教陵迟，瑰上疏曰："畴昔皇运陵替，丧乱屡臻，儒林之教渐颓，庠序之礼有阙，国学索然，坟籍莫启，有心之徒抱志无由。……若得给其宅地，备其学徒，博士僚属粗有其官，则臣之愿也"，史称"疏奏，成帝从之，国学之兴，自瑰始也"。④ 但到穆帝永和八年（352年），"殷浩西征，以军兴罢遣，（国子学）由此遂废"；孝武帝太元九年（384年），尚书令谢石又上疏陈请"兴复国学，以训胄子。班下州郡，普修乡校"，孝武帝纳其言，"其年，选公卿二千石子弟为生，增造庙屋一百五十五间。而品课无章，士君子耻与其列"，后国子祭酒殷茂言曰："自学建弥年，而功无可名。惮业避

---

① 参杜佑：《通典》卷五十三《礼制沿革·吉礼·大学》："（晋）惠帝元康三年，以（国子学）人多猥杂，欲辨其泾渭，于是制立学官品，第五以上得入国学。"（第1465页）

② 张旭华：《试论国子学的创立与西晋门阀士族的形成》，《郑州大学学报（哲学社会科学版）》1988年第4期。

③ 《晋书》卷二十四《职官志》，第736页。

④ 《晋书》卷八十三《袁瑰传》，第2167页。

役,就存者无几,或假托亲疾,真伪难知,声实浑乱,莫此之甚。臣闻旧制,国子生皆冠族华胄,比列皇储。而中者混杂兰艾,遂令人情耻之。"以致当时"朝廷及草莱之人有志于学者,莫不发愤叹息",可见教育废坏之后非一日可复。①

此外,孝武帝此次兴复国学之后,太学并入国学。据《建康实录》卷九《孝武帝纪》载谢石"上疏请兴复国学于太庙之南",许嵩案语引《舆地志》曰:

> 在江宁县东南二里一百步右御街东,东逼淮水,当时人呼为国子学。西有夫子堂,画夫子及十弟子像。西又有皇太子堂,南有诸生中省,门外有祭酒省、二博士省,旧置博士二人。梁大同中,又置正言博士一人,加助教理礼。初,显宗咸康三年,立太学在秦淮水南,今升桥地,对东府城南小航道西,在今县城东七里废丹阳郡城东,至德观西,其地犹名故学。江左无两学,及武帝置国学,并入于今处也。②

阎步克先生据此认为孝武帝复国学之后及整个南朝期间,已"不存在一个与国学分立的,具有生员、校舍以及授业课试

---

① 《宋书》卷十四《礼志一》。
② 许嵩:《建康实录》,张忱石点校,中华书局,1986年版,第277页。

制度的、作为实体而存在的'太学'"①。太学虽不存,太学博士不废,"及江左初,减为九人。元帝末,增《仪礼》、《春秋公羊》博士各一人,合为十一人。后又增为十六人,不复分掌《五经》,而谓之太学博士也"②。

  刘宋高祖受命,据《宋书》卷十四《礼志一》记载,即于永初三年(422年)诏有司立学,但"未就而崩";文帝刘义隆于元嘉二十年(443年),"复立国子学",可是到二十七年(450年)又废。刘宋国学之立,不足十年,成效甚微。不过国学不置时,亦有相应的替代机构,宋明帝泰始六年(470年)所置的总明观即是;据《南齐书》卷十六《百官志》载,时"以国学废,初置总明观,玄、儒、文、史四科,科置学士各十人,正令史一人,书令史二人,干一人,门吏一人,典观吏二人。建元中,掌治五礼",亦称东观。这些机构可视作国子学的替代,"在一定程度上仍维持着京都建康相对正常的学术活动"③。

  南齐时期,据《南齐书》卷九《礼志上》载,高帝萧道成于建元四年(482年)诏立国子学,"置学生百五十人。其有位乐入者五十人。生年十五以上,二十以还,取王公已下至三将、著作郎、廷尉正、太子舍人、领护诸府司马咨议

---

  ① 阎步克:《阎步克自选集》,广西师范大学出版社,1997年版,第78页。
  ② 《晋书》卷二十四《职官志》,第736页。
  ③ 陈群:《南朝国子学考略》,《北京电子科技学院学报》2004年第12卷第3期。

经除赦者、诸州别驾治中等、见居官及罢散者子孙。悉取家去都二千里为限",高祖崩,乃止。齐武帝即位后,于永明三年(485年)诏令兴复国学,"召公卿子弟下及员外郎之胤,凡置生二百人。其年秋中悉集",永明十一年(493年),因武帝崩而又废。明帝建武四年(497年),"诏立学",但一年后东昏即位,"尚书符依永明旧事废学"。整个南齐,国学三立三废。

南朝宋、齐时期,国学之立累计约十九年,却又因政治上纷争不断,虽"时或开置,而劝课未博,建之不能十年,盖取文具而已"①。但经过宋、齐两代的发展,国子学也发生了两点变化,一是由单纯的儒家经典发展到玄、文、史等多方面并重,二是由单纯的教学组织迈向教学与研究相结合的机构。②

萧梁时期,由于梁武帝本人富有才艺,且相对重视教育,加上社会稳定,国学之规模为南朝之冠。首先是在天监四年(505年),武帝诏开五馆,以平原明山宾、吴郡陆琏、吴兴沈峻、建平严植之、会稽贺玚补博士,各主一馆,以《五经》教授,置《五经》博士各一人,"馆有数百生,给其饩廪。其射策通明者,即除为吏。十数年间,怀经负笈者云

---

① 《南史》卷七十一《儒林传序》,第1730页。
② 白钢主编,黄惠贤著:《中国政治制度通史·第四卷 魏晋南北朝》,人民出版社,1996年版,第388页。

会京师"①。此外又选遣学生如会稽云门山，受业于庐江何胤。分遣博士祭酒，到州郡立学。天监七年（508年），又诏曰："建国君民，立教为首。不学将落，嘉植靡由。朕肇基明命，光宅区宇，虽耕耘雅业，傍阐艺文，而成器未广，志本犹阙，非所以镕范贵游，纳诸轨度。思欲式敦让齿，自家刑国。今声训所渐，戎夏同风，宜大启庠斅，博延胄子，务彼十伦，弘此三德，使陶钧远被，微言载表。"于是皇太子、皇子、宗室、王侯始就业焉。

非但如此，天监八年（509年）梁武帝又诏曰："其有能通一经、始末无倦者，策实之后，选可量加叙录。虽复牛监羊肆，寒品后门，并随才试吏，勿有遗隔。"周一良先生认为此举是梁武帝重视门阀士族之中下层而在教育及选拔制度方面所采取的措施。② 梁武帝还于天监九年（510年）幸国子学，"亲临讲肆，赐国子祭酒以下帛各有差"③。可见其对国学教育之重视。但侯景乱后，国学就此衰败。

陈文帝天嘉元年（560年），嘉德殿学士沈不害上书请求兴儒，"宜其弘振礼乐，建立庠序，式稽古典，纡迹儒宫，选公卿门子，皆入于学，助教博士，朝夕讲肆，使担簦负笈，锵锵接衽，方领矩步，济济成林"④，文帝诏依事施行。

---

① 《梁书》卷四十八《儒林传序》，第662页。
② 周一良：《论梁武帝及其时代》，文收氏著《魏晋南北朝史论集》，北京大学出版社，1997年版，第351—352页。
③ 《梁书》卷二《武帝纪中》，第49页。
④ 《陈书》卷三十三《儒林·沈不害传》，第447页。

但陈朝所置之国学成效不大,《陈书》卷三十三《儒林传·序》载:"世祖以降,稍置学官,虽博延生徒,成业盖寡。"祯明三年(589年),陈亡,国学亦废。

第三章　魏晋南朝的光禄勋（附廷尉）

光禄勋，秦名郎中令，《汉书》卷十九上《百官公卿表上》注引臣瓒曰："主郎内诸官，故曰郎中令。"所谓"郎内诸官"，指的主要是当时宫殿廊庑之下的宿卫之士。因此郎中令的职掌在"宫殿掖门户"①，与卫尉"掌宫门卫士，宫中徼循事"② 不同，郎中令着重在宫内诸殿及掖门的宿卫，而卫尉则着重宫门的守卫及宫内的巡逻。

光禄勋宿卫职能的实现主要是依靠其所统的郎官系统，有议郎、中郎、侍郎、郎中，皆无员，多至千人。其中议郎地位较高，职掌论议，不负责宿卫，其他诸郎内则掌守宫殿门户，皇帝行外则出充车骑，并由五官，左、右中郎将和车、户、骑三将具体统领。此外，武帝时期还设立了期门和羽林两支禁卫军，也是光禄勋的属官。

除负责宿卫工作之外，汉代光禄勋还有一项重要的职

---

① 班固：《汉书》卷十九上《百官公卿表上》，第727页。
② 《后汉书》志第二十五《百官二》，中华书局，1965年版，第3579页。

掌，就是对诸郎的管理和考核。众所周知，郎吏制度是秦汉仕进制度的重要组成部分，特别是汉武帝时期察举制度兴起之后，郡国所举之孝廉往往先历郎途，继而晋身。后汉沿用。

此外，光禄勋下面还有诸大夫和谒者。诸大夫地位较高，秩禄最低的谏大夫也有比八百石，而光禄大夫则秩比两千石，有些地位特殊的人任光禄大夫则秩中两千石①。诸大夫一般不担任行政事务，起顾问应对、拾遗补缺的作用②，他们划归光禄勋管领，主要因其事务多在宫内，实则是文属光禄勋。谒者主掌"宾赞受事，员七十人，秩比六百石，有仆射，秩比千石"③，是导引、礼仪及传达机构，"皆选孝廉年未五十，晓解宾赞者，岁尽拜县令长史及都官府长史"④。谒者也奉使出巡，劳询长吏。

东汉时期，在光禄勋郎官组织上，光武帝"省车、户、

---

① 杨鸿年：《汉魏制度丛考》"大夫"条中考证："周堪、张禹、王延世、孔光、杨赐、董恭等人为光禄大夫，秩皆中两千石。他们当中有的是帝师，有的因有功，有的是故三公，有的是幸臣之父。因为他们的地位特殊，所以他们为光禄大夫，官秩也就特别的高。"（《汉魏制度丛考》，武汉大学出版社，2005年版，第114页）
② 廖伯源：《秦汉史论丛》，中华书局，2008年版，第170—194页。
③ 班固：《汉书》卷十九上《百官公卿表上》，第727页。
④ 王先谦补注：《汉书补注》引钱大昭转引阚骃《十三州志》，书目文献出版社，1995年版，影印本，第277页。

骑凡三将及羽林令",以五官中郎将和左、右中郎将分统三署郎①,同时虎贲中郎将统虎贲郎,羽林中郎将统羽林郎,又设羽林左、右监,形成凡七署郎官的体制。

羽林郎和期门(虎贲)郎在武帝设立之初就有较大的独立性,其性质是皇帝的近侍军队,直接听令于皇帝,光禄勋极少对其干涉和管理。东汉时期更是如此,虎贲和羽林中郎将多以外戚近臣充任,具有明显的近侍贵显性质,因此光禄勋其职掌除宿卫本职之外,更多强调的是对三署郎的管理和考核。

第一节 魏晋南朝的光禄勋

曹魏时期,光禄勋地位急剧衰落。早在东汉,虎贲和羽

---

① 王克奇在《论秦汉郎官制度》中认为三署郎形成的时间应在建武年间,秦及西汉无三署郎之称,并且"三署郎主要由士人组成,为外朝后备官员,与主要由材武之士组成,专掌宿卫的虎贲郎、羽林郎略有不同"。[见安作璋、熊铁基:《秦汉官制史稿》(上册),齐鲁书社,1984年版,第358页]

林的职位就被大量出卖①，这使其战斗力下降，《三国志》卷十三《魏书·王朗传》注引《魏名臣奏》载朗《节省奏》中有言：

> 旧时虎贲羽林五营兵，及卫士并合，虽且万人，或商贾惰游子弟，或农野谨钝之人。虽有乘制之处，不讲戎陈，既不简练，又希更寇，虽名实不副，难以备急。有警而后募兵，军行而后运粮，或乃兵既久屯，而不务营佃，不修器械，无有贮聚，一隅驰羽檄，则三面并荒扰，此亦汉氏近世之失而不可式者也。

从文中可知，当时不仅是虎贲、羽林士，即五营兵及卫士战斗力也非常低落，"商贾惰游子弟"自然多是以钱财买官者，虽有一部分"农野谨钝之人"，又不讲戎阵，不进行操练，且少经实战，器械及粮储皆不关于心，以致"一隅驰羽檄，则三面并荒扰"，以此攻战，胜负自不待言。且曹操幕府建

---

① 从安帝开始，虎贲、羽林就被纳入出卖之列，《后汉书》卷五《安帝纪》载永初三年（109年）："三公以用不足，奏令吏人入钱谷，得为关内侯、虎贲羽林郎、五大夫、官府吏、缇骑、营士各有差。"桓灵时期，基本如此，同书卷七《桓帝纪》载延熹四年（161年）："占卖关内侯、虎贲、羽林、缇骑营士、五大夫钱各有差。"到延熹五年（162年）八月，又"诏减虎贲、羽林住寺不任事者半奉，勿与冬衣"，章怀注曰："《东观纪》曰：'以京师水旱疫病，帑藏空虚，虎贲、羽林不任事者住寺，减半奉。'据此，谓简选疲弱不胜军事者，留住寺也"，则是以老弱留寺，可见当时虎贲、羽林之境况；灵帝时期，同书卷八《灵帝纪》载光和元年（178年）："初开西邸卖官，自关内侯、虎贲、羽林，入钱各有差。私令左右卖公卿，公千万，卿五百万。"

立之后，新的宿卫系统逐渐形成，主要就是领军将军（中领军）和护军将军（中护军）；领军将军"主五校、中垒、武卫等三营"①，主要负责宫城内的宿卫，其中武卫营的前身就是曹操的贴身侍卫集团虎豹骑②，武卫将军在曹魏前期（司马氏专政之前），更是负责殿内宿卫的重要武官③；护军将军"掌外军"，即负责统领宫城外的禁卫军队，曹魏时期"主武官选，隶领军"，"晋世则不隶"④。因此曹魏时期的领、护将军基本上取代了汉代光禄勋和卫尉以及北军（西汉八校东汉五校）甚至执金吾的宿卫职能。

西晋时期，光禄勋"统武贲中郎将、羽林郎将、冗从仆射、羽林左监、五官左右中郎将、东园匠、太官、御府、守宫、黄门、掖庭、清商、华林园、暴室等令"⑤；其中虽有武贲中郎将、羽林郎将、羽林左监等官，但此时之虎贲、羽林多保留其赐诸王公大臣的礼仪性质，而非有东汉宿卫职能。如《晋书》卷三十八《宣五王·梁王肜传》载赵王伦篡位，"以肜为阿衡，给武贲百人，轩悬之乐十人"；东晋时期也是如此，同书卷六十五《王导传》载导于咸康五年（339 年）

---

① 《晋书》卷二十四《职官志》，第 740 页。
② 参何兹全：《魏晋的中军》，文收氏著《读史集》，上海人民出版社，1982 年版，第 242—268 页。
③ 参张金龙：《魏晋南北朝禁卫武官制度研究》（上册），中华书局，2004 年版，第 148 页。
④ 《晋书》卷二十四《职官志》，第 740 页。
⑤ 《晋书》卷二十四《职官志》，第 736 页。其中"武贲"即"虎贲"，唐讳"虎"，改"虎"为"武"。

甍，"及葬，给九游辒辌车、黄屋左纛、前后羽葆鼓吹、武贲班剑百人，中兴名臣莫与为比"。羽林士也是如此，《晋书》卷二十四《职官志》载光禄大夫加金章紫绶者，"品秩第二，禄赐、班位、冠帻、车服、佩玉，置吏卒羽林及卒，诸所赐给皆与特进同"；同书卷七十七《陆玩传》载"以玩有德望，乃迁侍中、司空，给羽林四十人"。此虽有东晋之例，但西晋的情况当与此不异。西晋时期我们找不到以虎贲或羽林参战的例子，至于三部司马及五部督所统领之武贲、羽林①，则属于左、右卫将军系统②，与光禄勋所统实是名同实异。

羽林监亦不主宿卫，曹魏时期尚承东汉置羽林左、右监，桓范在延康中曾为羽林左监，荀彧之孙荀頵曾任羽林右监；但其地位明显低落，《三国志》卷九《魏书·夏侯玄传》载夏侯玄为散骑黄门侍郎，"尝进见，与皇后弟毛曾并坐，玄耻之，不悦形之于色。明帝恨之，左迁为羽林监"。西晋时期罢羽林中郎将，又省一监，仅存羽林左监。

至于冗从仆射一职，史料多语焉不详。《宋书》卷四十

---

① 《晋书》卷二十四《职官志》载："二卫始制前驱、由基、强弩为三部司马，各置督史。左卫，熊渠武贲。右卫，佽飞武贲。二卫各五部督。其命中武贲、骁骑、游击各领之。又置武贲、羽林、上骑、异力四部，并命中为五督。其卫镇四军如五校，各置千人。更制殿中将军，中郎、校尉、司马比骁骑。持椎斧武贲，分属二卫。尉中武贲、持钑冗从、羽林司马，常从人数各有差。"（第741页）

② 参张金龙：《魏晋南北朝禁卫武官制度研究》（上册），中华书局，2004年版，第207—220页。

《百官志下》说:"冗从仆射,汉东京有中黄门冗从仆射,非其职也。魏世因其名而置冗从仆射。"则是晋承魏制,西晋时期多以宗室任之,如《晋书》卷三十七《宗室·彭城穆王权传》载其为宣帝弟魏鲁相东武城侯馗之子,"初袭封,拜冗从仆射。武帝受禅,封彭城王,邑二千九百户";同书卷三十七《高密文献王泰传》附《略兄新蔡武哀王腾传》载其"少拜冗从仆射,封东嬴公,历南阳、魏郡太守,所在称职";同书卷三十八《宣五王·琅邪王伷传》附《子觐传》载"觐字思祖,拜冗从仆射。太熙元年薨,时年三十五";同书卷三十八《宣五王·琅邪王伷传》附《澹传》载澹"初为冗从仆射,后封东武公,邑五千二百户";似为清显之职,因此赵王伦为相国,即"以其世子散骑常侍荂领冗从仆射"①。而有关冗从仆射与宿卫之关系,还有待更多史料的发掘。

以上诸职,除羽林中郎将于西晋罢省未复外,虎贲中郎将、羽林监及冗从仆射皆于东晋哀帝时省,南朝宋高祖永初初又皆复置,史书所载多有任之者,但已非光禄勋所属。

五官,左、右中郎将为汉代三署郎的首长,但三署郎官系在魏晋时期逐渐罢省。首先,九品中正制逐步确立,两汉以征辟察举为中心的选官制度开始转变为由中正品第、吏

---

① 《晋书》卷五十九《赵王伦传》,第1600页。

部铨选而入仕。前文已述,汉代光禄勋对三署郎的管理和考核,是当时选官体制的重要环节,这项人事考察任用权对于光禄勋来说其意义是不言而喻的。但魏晋以来,官员入仕之前多由中正品第,之后再由尚书吏部铨选任用,与郎官已无关系。其次,魏晋时期,察举低落,高门权贵多不由察举入仕,而经此途者多为下层普通士人及寒门单贱,这"当然是由于九品中正制与清官入仕迁转之途,为高门权贵子弟辟了入仕捷径所致"①;光禄勋基本不再参与选举,这使其丧失宿卫职能之后变得更加无足轻重。再次,门第社会形成之后,中正亦失去其存在的意义,选举日益偏重于门第阀阅,"因为士族进身已不必关心中正给他的品第,问题只在于自己的血统,防止士庶混淆最好的办法乃是辨别姓族,企图享受特权也只有假造谱牒,中正品第只是例行公事,无足轻重"②。在这种情况下,选举权就日益集中于吏部尚书之手③。因此,选官制度的变化改变了郎官的性质,三署亦不再为官员的后

---

① 阎步克:《察举制度变迁史稿》,辽宁大学出版社,1991年版,第184页。
② 唐长孺:《九品中正制度试释》,文收氏著《魏晋南北朝史论丛(外一种)》,河北教育出版社,2000年版,第118页。
③ 参[日]宫崎市定:《九品官人法研究——科举前史》,韩昇、刘建英译,中华书局,2008年版,第118—121页。

备机构，因此三署机构在曹魏时期就不复存在①，作为其长官的五官中郎将在魏及西晋初期也仅保留了东汉以来拜授遣使、赠策监丧等方面的事务性质，如《晋书》卷四十四《郑袤传》载郑袤为司空，即"遣五官中郎将国坦就第拜授"；到晋武帝泰始九年（273年），"罢五官左右中郎将、弘训太仆、卫尉、大长秋等官"②。左、右中郎将虽然在刘宋孝武帝大明中复置，但已非光禄勋属官③。

因此，西晋时期光禄勋基本成为皇室内务及后宫事务的

---

① 洪饴孙认为："《初学记》、《通典》皆云魏晋以来无三署郎，而本书有中郎、郎中，《官品》复载之，则不应无三署郎也。或自晋以来始无之耳。"〔洪饴孙：《三国职官表》，收《后汉书三国志补表三十种》（下册），中华书局，1984年版，第1334页〕对此阎步克先生认为："三署郎原司宿卫，但建安以来，陆续设置了中领军、左右二卫、五部司马等，接替了宫禁宿卫之职，故三署郎失其职司，光禄勋不居禁中，诸郎将亦被罢省，所以'三署'已不复存在了。但此时虽然已无宿卫宫禁的三署郎，但'散郎'或'外郎'却仍然存在。"（阎步克：《从任官及乡品看魏晋秀孝察举之地位》，文收《阎步克自选集》，广西师范大学出版社，1997年版，第55页）就是说魏晋以后"三署"机构不复存在，但"中郎""郎中"等散郎依然存在。

② 洪饴孙《三国职官表》中认为五官中郎将魏文帝"践祚以后不置"〔见《后汉书三国志补表三十种》（下册），中华书局，1984年版，第1333页〕此点似可商榷，据《三国志》卷二十三《魏书·裴潜传》注引《魏略·严幹传》："（严幹）以建策捕高幹，又追录前讨郭援功，封武乡侯，迁弘农太守。及马超反，幹郡近超，民人分散。超破，为汉阳太守。迁益州刺史，以道不通，黄初中，转为五官中郎将。明帝时，迁永安太仆，数岁卒。"（第675页）又《三国志》卷十五《魏书·梁习传》注引《魏略·苛吏传·刘类》："嘉平中，（刘类）为弘农太守……类在弘农，吏民患之，乃题其门曰：'刘府君有三不肯。'类虽闻之，犹不能自改。其后安东将军司马文王西征，路经弘农，弘农人告类荒悖不任宰郡，乃召入为五官中郎将。"（第471页）由这两条记载看来，文帝即位之后仍置五官中郎将。

③ 《宋书》卷四十《百官志下》载左、右中郎将"与五官中郎将领三署郎，魏无三署郎，犹置其职。晋武帝省。宋世祖大明中又置"。（第1248页）

主管。司马氏过江之后，精简机构，裁撤冗职，诸卿当中卫尉最早被省废，太仆、大鸿胪、将作大匠等卿有事则置，无事则省。哀帝兴宁年间（363—365年），桓温执政，对卿官进行改革，光禄勋被并入司徒。桓温死后，孝武帝宁康元年（373年）九月复置光禄勋。

魏晋以来，光禄勋即不复居禁中，亦无三署郎，经过东晋时期的废而复置，其地位进一步衰落，"唯外官朝会，则以名到焉。二台奏劾，则符光禄加禁止，解禁止亦如之"[①]。所谓禁止，即被劾奏者不得入殿省，因为光禄主殿门故也。整个南朝期间，光禄勋地位基本如此。

第二节　魏晋南朝的光禄勋机构

两汉时期，皇室内务及后宫事务多由少府负责；魏晋以来，少府机构逐渐转为官府的手工作场，而其服务皇室及后宫的职能则转由光禄勋承担。如前文所述，西晋时期光禄勋属官当中有"东园匠、太官、御府、守宫、黄门、掖庭、清商、华林园、暴室等令"，除清商令和华林园令为曹魏新置之外，其余在两汉皆属少府。

东晋哀帝时并光禄勋入司徒，其属官太官令转属门下，

[①] 《宋书》卷三十九《百官志上》，第1229页。

又省御府令①；而东园匠、守宫、黄门、掖庭、清商、华林园、暴室等令在光禄勋省并后情况不详。

南朝宋、齐时期，除文属于光禄勋的左、右光禄大夫，光禄大夫及太中大夫、中散大夫等诸大夫外，其余属官不详。

梁武帝天监改制之后，光禄卿"位视太子中庶子，掌宫殿门户。统守宫、黄门、华林园、暴室等令。又有左右光禄、金紫光禄、太中、中散等大夫，并无员，以养老疾"②；位处十一班。其中诸大夫之职，皆为文属。陈承梁制。

1. 东园匠令

西汉少府属官有东园匠，"主作陵内器物者也"③；东汉亦属少府，但或许其机构较小，《后汉书》不载。《后汉书》卷十上《皇后纪上·和熹邓皇后纪》载邓皇后母新野君薨，"赠以长公主赤绶、东园秘器、玉衣绣衾"，章怀注曰：

东园，署名，属少府；主作凶器，故言秘也。

同书卷十下《皇后纪下·孝崇匽皇后纪》载桓帝生母匽皇后崩，"敛以东园画梓寿器、玉匣、饭含之具，礼仪制度比恭

---

① 《宋书》卷三十九《百官志上》："御府，二汉世典官婢作袭衣服补浣之事，魏、晋犹置其职，江左乃省焉。"（第1232页）
② 《隋书》卷二十六《百官志上》，第725—726页。
③ 班固：《汉书》卷十九上《百官公卿表上》颜师古注，第732页。

怀皇后",章怀注曰:

> 东园,署名,属少府,掌为棺器。梓木为棺,以漆画之。称寿器者,欲其久长也,犹如寿堂、寿宫、寿陵之类也。《汉旧仪》曰:"梓棺长二丈,崇广四尺。"玉匣者,腰已下为匣,至足亦缝,以黄金为缕。饭含者,以珠玉实口。

由上可见,东园署东汉依然为少府机构,称"东园秘器"是因其主作陵墓所用之物,"故言秘也";东园内有各类棺木及玉匣、饭含等物。

魏及西晋时期,东园署改属光禄勋所统,但其职掌不变。如《晋书》卷三十三《王祥传》载王祥于泰始五年(269年)薨,"诏赐东园秘器";同书卷三十九《王沈传》载王沈夫人荀氏后卒,将合葬,而沈棺椁已毁,于是"更赐东园秘器";例子甚多。东晋哀帝时并光禄勋入司徒,东园署情况不详,但东园机构于整个南朝时期依然存在。

2. 守宫令

东汉少府属官有守宫令,"主御纸笔墨,及尚书财用诸物及封泥"[1],应当是皇帝身边掌纸张文具等用品之官,汉末荀彧于永汉元年(189年)举孝廉,"拜守宫令"[2]。

---

[1] 《后汉书》志第二十六《百官三》,第3592页。
[2] 《三国志》卷十《魏书·荀彧传》,第307页。

曹魏时期守宫令转属光禄勋①，晋承魏制。但魏晋时期守宫令的职掌似有变化，《宋书》卷十四《礼志一》载晋武帝时期，更定元会注，即《咸宁注》。据《咸宁注》，"先正一日，守宫宿设王公卿校便坐于端门外，大乐鼓吹又宿设四厢乐及牛马帷阁于殿前"。因此可知西晋时的守宫令掌张设，曹魏是否如此，不得而详。

东晋南朝时期，据《唐六典》卷十六《卫尉寺·守宫署》本注曰："晋光禄勋属官有守宫令，梁、陈光禄卿属官有守宫员，北齐光禄寺统守宫令、丞，掌凡张设之事。"②北齐时的守宫令"掌凡张设之事"是否承魏晋故事，也不得而知。

3. 太官令

东汉太官令"掌御饮食"，属少府。太官属下还有具体分工，如左丞主饮食，汤官丞主酒，"甘丞掌诸甘肥，果丞别在外主诸果菜茹"③。曹魏太官令承汉属少府④，西晋转属光禄勋。东晋哀帝并光禄勋于司徒，太官转属门下，"宋侍中属官有太官令一人，齐因之。梁门下省领太官，陈因

---

① 洪饴孙：《三国职官表》，收《后汉书三国志补表三十种》（下册），中华书局，1984年版，第1357页。
② 李林甫等：《唐六典》，第464页。
③ 《后汉书》志第二十六《百官三》刘昭注引荀绰云，第3592页。
④ 洪饴孙：《三国职官表》，收《后汉书三国志补表三十种》（下册），中华书局，1984年版，第1387页。

之"①。《宋书》卷九十二《良吏·江秉之传》附《王悦传》载，王悦于宋明帝泰始中为侍中，在门下，尽其心力，卒后赠太常，"初，悦为侍中，检校御府、太官、太医诸署，得奸巧甚多。及悦死，众咸谓诸署咒诅之，上乃收典掌者十余人，桎梏云送淮阴，密令渡瓜步江，投之中流"。可证宋时侍中属下有太官署。

西晋世风奢汰，贵臣豪侈之徒食比太官，《晋书》卷三十三《何曾传》载何曾"性奢豪，务在华侈，帷帐车服，穷极绮丽，厨膳滋味，过于王者。每燕见，不食太官所设，帝辄命取其食。蒸饼上不坼作十字不食。食日万钱，犹曰无下箸处"。其子何劭更是过之，"食必尽四方珍异，一日之供以钱二万为限。时论以为太官御膳，无以加之"。南齐时期，会稽虞悰善为滋味，和齐皆有方法。时豫章王萧嶷盛馔享宾，谓悰曰："今日肴羞，宁有所遗不？"悰曰："恨无黄颔臛，何曾《食疏》所载也。"世祖萧赜幸芳林园，"就悰求扁米粣。悰献粣及杂肴数十舆，太官鼎味不及也。上就悰求诸饮食方，悰秘不肯出，上醉后体不快，悰乃献醒酒鲭鲊一方而已"②，此亦是趣事。

4. 掖庭令

西汉前期少府属官有永巷令，汉武帝太初元年（前104

---

① 李林甫等：《唐六典》卷十五《光禄寺·太官署》本注，第444页。
② 《南齐书》卷三十七《虞悰传》，第655页。

年）改名掖庭令，职掌较杂，"掌宫人簿帐、公桑、养蚕及女工等事"①。东汉少府属官有掖庭令，以宦者为之，"掌后宫贵人采女事"，下有左右丞、暴室丞各一人，也用宦官。

曹魏时期掖庭令属光禄勋②，但非宦者，其职掌与东汉同。魏明帝时大修宫室，留意于玩饰，赐予无度，帑藏空竭，又"录夺士女前已嫁为吏民妻者，还以配士，既听以生口自赎，又简选其有姿色者内之掖庭"③，太子舍人张茂曾上书谏止。西晋掖庭令承魏属光禄勋，晋武帝奢淫，史载"时帝多内宠，平吴之后复纳孙皓宫人数千，自此掖庭殆将万人，而并宠者甚众，帝莫知所适，常乘羊车，恣其所之，至便宴寝。官人乃取竹叶插户，以盐汁洒地，而引帝车"④。东晋南朝时掖庭职掌及所属不详，诸志当中亦不见记载。

5. 清商令

两汉时期无清商令一职，洪饴孙《三国职官表》中说"魏所置"，属光禄勋，关于其职掌，洪氏认为"所掌如掖庭令"⑤。洪氏注曰："嘉平六年纪注，称少帝见九亲妇女有美色，留以付清商。又帝使保林、李华、刘勋等与小优郭怀、袁信等戏，清商令令狐景呵之。是所掌如汉掖庭令也。"此

---

① 杜佑：《通典》卷二十七《职官九·内侍省·掖庭局令》，第757页。
② 洪饴孙：《三国职官表》，收《后汉书三国志补表三十种》（下册），中华书局，1984年版，第1358页。
③ 《三国志》卷三《魏书·明帝纪》注引《魏略》，第105页。
④ 《晋书》卷三十一《后妃上·武悼杨皇后传附胡贵嫔传》，第962页。
⑤ 洪饴孙：《三国职官表》，收《后汉书三国志补表三十种》（下册），中华书局，1984年版，第1359页。

点实误,曹魏时期的清商署是掌管音乐的机构,此为乐府文学上一问题,已有辨析,此处不论①。

西晋时期,清商令承魏属光禄勋,但当时太常也有清商署,《晋书》卷二十二《乐志上》载泰始九年(273年),光禄大夫荀勖以杜夔所制律吕,校太乐、总章、鼓吹八音,与律吕乖错,乃制古尺,作新律吕,以调声韵,"律成,遂班下太常,使太乐、总章、鼓吹、清商施用"。是否太常和光禄勋各有一清商,不能确定。

东晋及南朝宋、齐时期,清商署情况不详,"梁太常属官有太乐令,班第一,品从九;又别领清商丞。太乐有库丞,与清商丞并三品蕴位。陈因之"②。

6. 华林园令

曹魏时期,洛阳有芳林园。《三国志》卷二十五《魏书·高堂隆传》载魏明帝时期增崇宫殿,彫饰观阁,"起景阳山于芳林之园,建昭阳殿于太极之北,铸作黄龙凤皇奇伟之兽,饰金埔、陵云台、陵霄阙",作者有几万人,甚至明帝亲率公卿,"躬自掘土"。同书卷三《明帝纪》注引《魏略》说:"起土山于芳林园西北陬,使公卿群僚皆负土成山,树松竹杂木善草于其上,捕山禽杂兽置其中。"可见芳林园

---

① 参曾智安:《曹魏清商署的设置、得名及相关问题新论》,载吴相洲主编《乐府学》(第1辑),首都师范大学中国诗歌研究中心,2006年,第140—153页。

② 李林甫等:《唐六典》卷十四《太常寺·太乐署》本注,第402页。

中有景阳山,并"树松竹杂木善草",以及有"山禽杂兽",规模应该比较大。这次对芳林园大规模的整建,奠定了洛阳华林园的建筑风格,也为后来各地"华林园"之蓝本。

芳林园在齐王芳时期为避讳而改名华林园,《三国志》卷二《魏书·文帝纪》注引《魏书》:"(黄初四年)十二月丙寅,赐山阳公夫人汤沐邑,公女曼为长乐郡公主,食邑各五百户。是冬,甘露降芳林园。"裴松之按曰:"芳林园即今华林园,齐王芳即位,改为华林。"西晋沿袭①。从此,华林园开始频繁见诸魏晋南北朝的史籍。而洛阳的华林园在西晋末年遭到破坏。

东晋南朝时期建康也有华林园,是承孙吴旧宫苑而来。《世说新语·言语》载:"简文入华林园,顾谓左右曰:'会心处不必在远,翳然林水,便自有濠濮间想也,觉鸟兽禽鱼自来亲人。'"②《建康实录》卷十二《宋中·太祖文皇帝》载元嘉二十三年(446年),"置华林园东五里",许嵩案语:

---

① 南朝萧齐也有一芳林苑,张敦颐:"《寰宇记》云:芳林苑,一名桃花园,本齐高帝旧宅,在府城之东,秦淮大路北。武帝永明五年,尝幸其苑禊宴。王融《曲水诗序》云'载怀平浦,乃眷芳林',盖谓此也。又按《南史》:齐时清溪宫改为芳林苑。梁天监初,赐南平元襄王为第,益加穿筑,果木珍奇,穷极雕靡,命萧子范为之记。蕃邸之盛,无以过焉。"(张敦颐:《六朝事迹编类》卷四《楼台门·芳林苑》,张忱石点校,上海古籍出版社,1995年版,第57页)

② 余嘉锡:《世说新语笺疏(修定本)》,上海古籍出版社,1993年版,第120—121页。

《地舆志》：吴时旧宫苑也。晋孝武更筑立宫室。宋元嘉二十二年，重修广之。又筑景阳、武壮诸山，凿池名天渊，造景阳楼以通天观。至孝武大明中，紫云出景阳楼，又造琴室，东有双树连理，又改为连玉堂，又造灵曜前后殿，又造芳香堂、日观台。元嘉中，筑蔬圃，又筑景阳东岭，又造光华殿，设射棚，又立凤光殿、醴泉堂、花萼池，又造一柱台、层城观、兴光殿。梁武又造重阁，上名重云殿，下名兴光殿，及朝日明月之楼，登之，而阶道绕楼九转。自吴晋宋齐梁陈六代，互有构造，尽古今之妙。陈永初中，更造听讼殿。天嘉三年，又作临政殿。其山川制置，多是宋将作大匠张永所作，其宫殿数多，旧来不用，乃取华林园以为号，陈亡悉废矣。①

可知东晋南朝的华林园是历经六朝叠构，逐年创就的皇家园林，其毁废实在令人惋惜。许嵩提到的张永，《宋书》卷五十三《本传》云："永涉猎书史，能为文章，善隶书，晓音律，骑射杂艺，触类兼善，又有巧思，益为太祖所知。纸及墨皆自营造，上每得永表启，辄执玩咨嗟，自叹供御者了不及也。二十三年，造华林园、玄武湖，并使永监统。凡诸制置，皆受则于永。"可知其人多才艺，甚有巧思。

---

① 许嵩：《建康实录》，张忱石点校，中华书局，1986年版，第444页。

魏晋南朝时期文学兴盛，华林园经常作为文士与帝王诗酒唱和的宴集之所，《文选》就收应贞四言诗《晋武帝华林园集诗》①一首，《南史》卷五十一《梁宗室上·孙孝俨传》说："（孝俨）从幸华林园，于坐献《相凤乌》《华光殿》《景阳山》等颂，其文甚美，帝深赏异之。"甚至也成为南朝荒帝的游乐场。《南史》卷一《宋本纪上第一·少帝纪》："时帝于华林园为列肆，亲自酤卖，又开渎聚土，以象破冈埭，与左右引船唱呼，以为欢乐。"唐长孺先生认为这种仿效市里工商的行为是宫廷中长久聚集各种寒人特别是商人的原因。②

东晋南朝华林园的位置，在建康城的东北方。东晋哀帝省光禄勋后华林园令所属不详，很可能归属当时建康令所统。

此外，需要特别说明的是，南朝齐、梁时期宫城内又有一华林省，当是藏书之所，与此华林园不同。《南齐书》卷四十二《王晏传》载齐明帝疑王晏欲反，"元会毕，乃召晏于华林省诛之"；同书卷四十四《徐孝嗣传》载东昏诛孝嗣，"召孝嗣入华林省，遣茹法珍赐药，孝嗣容色不异，少能饮酒，药至斗余，方卒"。《梁书》卷四十三《江子一传》载江

---

① 见《文选》卷二十《诗甲·公宴》，上海古籍出版社，1998年版，第147页。
② 唐长孺：《南朝寒人的兴起》，载氏著《魏晋南北朝史论丛（外一种）》，河北教育出版社，2000年版，第557页。

子一启求观书秘阁,高祖许之,"有敕直华林省"。《南史》卷七十二《文学·周兴嗣传》载梁天监初,兴嗣奏《休平赋》,其文甚美,武帝嘉之,"拜安成王国侍郎,直华林省"。梁武帝时期命诸学士撰《华林遍略》,也当于此省成之。

7. 暴室令

西汉时期少府属官永巷令下有暴室丞,《汉书》卷八《宣帝纪》中颜师古释"暴室啬夫"时说:"暴室者,掖庭主织作染练之署,故谓之暴室,取暴晒为名耳。"后来随着职务的增多,"因为置狱主治其罪人,故往往云暴室狱耳"。暴室啬夫是暴室属官,亦犹县乡之啬夫。东汉时期,少府属官掖庭令下有暴室丞,"主中妇人疾病者,就此室治;其皇后、贵人有罪,亦就此室"[1]。

暴室置令,是在曹魏时期,洪饴孙《三国职官表》中说:"汉但置丞贰掖庭令,魏始置令。"[2] 属光禄勋。《三国志》卷四《魏书·三少帝纪·齐王芳纪》注引《魏书》:"皇太后还北宫,杀张美人及禹婉,帝恚望,语景等:'太后横杀我所宠爱,此无复母子恩。'数往至故处啼哭,私使暴室厚殡棺,不令太后知也。"西晋当承魏制,亦属光禄勋。《晋书》卷五十九《赵王伦传》:"伦又矫诏开门夜入,陈兵道南,遣翊军校尉、齐王冏将三部司马百人,排阁而入。华

---

[1] 《后汉书》志第二十六《百官三》,第3595页。
[2] 洪饴孙:《三国职官表》,收《后汉书三国志补表三十种》(下册),中华书局,1984年版,第1359页。

林令骆休为内应，迎帝幸东堂。遂废贾后为庶人，幽之于建始殿。收吴太妃、赵粲及韩寿妻贾午等，付暴室考竟。"可见其职掌承汉不变。

东晋刘宋时期暴室令所属不详，萧齐时应有暴室，据《南史》卷四十二《齐高帝诸子上·豫章文献王嶷传》载："是时武帝（萧赜）奢侈，后宫万余人，宫内不容，太乐、景第、暴室皆满，犹以为未足。"似因宫人爆满而占用了本主罪人的暴室。萧梁时暴室令属光禄勋；陈当承梁制。

第三节　魏晋南朝的廷尉

汉代以来，廷尉职掌变化不大，"掌平狱，奏当所应。凡郡国谳疑罪，皆处当以报"①。西汉时期廷尉属官有廷尉正，地位相当于诸卿之丞，仅次于廷尉。廷尉正既有权代表廷尉参加"杂治"诏狱，又可以单独决疑狱。其次是廷尉左、右监，地位次于廷尉正，他们多单独或与其他官员一起执行逮捕人犯的任务。汉宣帝时期又增加廷尉左、右平，称廷尉平，掌平决诏狱，即判案。东汉省廷尉右监及右平而存左监、左平②，"前汉有左右监平，世祖省右而犹曰左"。

汉建安十八年（213年），魏国置大理，钟繇、王朗皆曾

---

① 《后汉书》志第二十五《百官二·廷尉》本注，第3582页。
② 《后汉书》志第二十五《百官二·廷尉》本注，第3582页。

为之,曹丕代汉,黄初元年(220年)改称廷尉。两晋和南朝宋、齐沿置。东晋时期,桓温也认为廷尉在九卿中与太常同属"职不可缺"者。萧齐末,梁国始建,萧衍以韦叡为大理,后衍称帝代齐,韦叡转廷尉。与汉末曹氏一样,都是由国官转朝官。天监七年(508年)改称廷尉卿,为"秋卿"之一,第十三班,陈制与梁同。

西汉时期,廷尉既掌刑狱,又掌刑律。《汉书》卷五十《张释之传》载释之之言:"廷尉,天下之平也,壹倾,天下用法皆为之轻重,民安所错其手足?"同书同卷又载:"张汤以更定律令为廷尉。"皆说明西汉廷尉掌刑狱的同时又掌律令。西汉成帝时期,置三公曹,"主断狱"[①];东汉沿置,《后汉书》卷四十六《陈忠传》载忠于永初中辟司徒府,三迁廷尉正,以才能有声称。"司徒刘恺举忠明习法律,宜备机密,于是擢拜尚书,使居三公曹。忠自以世典刑法,用心务在宽详。"后又有二千石曹主辞讼事;此为尚书分廷尉刑狱权之始。曹魏时期,尚书有定科郎,主定科令,西晋沿置,《晋书》卷三十五《裴楷传》载裴楷辟相国掾,迁尚书郎,"贾充改定律令,以楷为定科郎";此为尚书分廷尉律令之始。定科郎在南朝刘宋元嘉十八年(441年)改为删定郎。因此,廷尉虽"职不可缺",但其仅掌牢狱事务,执行皇帝或尚书机构之命令,而无参与制定权。

---

① 《晋书》卷二十四《职官志》,第730页。

魏晋南朝廷尉卿的属官除廷尉丞、主簿之外，主要还有廷尉正、监、平和律博士等。

西汉廷尉有正一人，又有左、右监和左、右平；东汉光武帝省右监和右平，犹称左监和左平，"掌平决诏狱"；魏晋以来，始不复称"左"。廷尉正、监、平为"廷尉三官"，"铜印，墨绶。给皂零辟朝服，法冠"①。南朝刘宋时期，正、监秩千石，平六百石；"并以下官礼敬廷尉卿"②。齐沿宋制。萧梁时，除"廷尉三官"之外，天监元年（502年）诏建康狱依廷尉三官置正、监、平，革选士流，视给事中，以尚书郎出为之，冠服与"廷尉三官"同，称"建康三官"③。元会，廷尉三官与建康三官，皆法冠玄衣朝服，以监东、西、中华门。手执方木，长三尺，方一寸，谓之执方④。陈同梁制。

律博士，魏明帝太和元年（227年），尚书卫觊奏曰："九章之律，自古所传，断定刑罪，其意微妙。百里长吏，皆宜知律。刑法者，国家之所贵重，而私议之所轻贱。狱吏者，百姓之所县命，而选用者之所卑下。王政之弊，未必不由此也。请置律博士，转相教授。"事遂施行。律博士典掌科律传授，员一人。两晋及南朝宋、齐皆沿置。梁武帝天监

---

① 《宋书》卷十八《礼志五》，第513页。
② 《宋书》卷三十九《百官志上》，第1231页。
③ 杜佑：《通典》卷二十五《职官七·大理卿》本注，第710页。
④ 《隋书》卷二十六《百官志上》，第725页。

四年（505年），"置胄子律博士，位视员外郎"①。陈同梁制。

---

① 《隋书》卷二十六《百官志上》，第725页。

第四章　魏晋南朝的少府（附大司农）

西汉时期，国家的财政收入主要分为两部分：一为"国家财政"，由大司农掌管；另为"帝室财政"，由少府和水衡都尉掌管①。所谓"国家财政"是指军国政事之公用，而"帝室财政"是天子皇室之私用。在收入来源上，"国家财政"主要来自当时的田租、口赋、代役钱等②，而"帝室财政"则主要来自山林渔泽之税。

西汉少府在"掌山海池泽之税，以给共养"的同时，也负责皇室日常生活及后宫事务，因此它有庞大的机构及众多

---

①　[日]加藤繁：《汉代的国家财政和帝室财政的区别及帝室财政一斑》，载刘俊文主编《日本学者研究中国史论著选译》第三卷《上古秦汉》，黄金山、孔繁敏等译，中华书局，1993年版，第294—388页。

②　具体可以参考《中国经济通史》，书中总结属于秦汉王朝财政管辖的税种，即大司农所掌管的国家财政：人头税，其中包括：1."头会箕敛"；2.算赋和口赋；3.献费。财产税，其中包括：1.算缗税；2.税民资、算赀。商业交易税，其中包括：1.秦朝的关税和市租；2.两汉的关税；3.两汉的市租。各种收益税，其中包括：1.牲畜税；2.贳贷税；3.一般收益税。（赵德馨主编，范传贤、杨世钰、赵德馨著：《中国经济通史》，湖南人民出版社，2002年版，第1041—1069页）

官属,仅少府丞就有六位,可见其事务之纷繁。少府的主要属官"有尚书、符节、太医、太官、汤官、导官、乐府、若卢、考工室、左弋、居室、甘泉居室、左右司空、东织、西织、东园匠十(二)〔六〕官令丞,又胞人、都水、均官三长丞,又上林中十池监,又中书谒者、黄门、钩盾、尚方、御府、永巷、内者、宦者(七)〔八〕官令丞。诸仆射、署长、中黄门皆属焉"①;后武帝太初元年(前104年)更名考工室为考工,左弋为佽飞,居室为保宫,甘泉居室为昆台,永巷为掖廷。佽飞掌弋射,有九丞两尉,太官七丞,昆台五丞,乐府三丞,掖廷八丞,宦者七丞,钩盾五丞两尉;成帝河平元年(前28年)省东织,更名西织为织室;绥和二年(前7年),哀帝又省乐府。

东汉时期,少府掌管财政的职能转归大司农,因此少府成为纯粹服务皇室的机构,"掌中服御诸物,衣服宝货珍膳之属",其机构也进行了相应的调整。首先,掌天子供养及有关宫廷杂务的官员,如太医、太官、掖庭、御府、钩盾、内者、尚方、符节等令皆承西汉之旧;以汤官并入太官,复置永巷令,"典官婢侍使",置上林苑令统管十池监,御府令职掌则变为"典官婢作中衣服及补浣之属",其原来职能则由新设的中藏府令来掌管,同时新设的机构还有"主御纸笔墨及尚书财用诸物及封泥"的守宫令和"典中诸小祠祀"的

---

① 班固:《汉书》卷十九上《百官公卿表上》,第731页。

祠祀令。其次，东汉时期宦官势力强大，少府属下的宦官机构膨胀，新增中常侍、小黄门、黄门令、黄门署长、画室署长、中黄门冗从仆射、中黄门等，且掖庭令、永巷令、御府令、钩盾令也以宦者为之。最后，东汉少府属官中助理有关国政事务的官员不仅数量增多，且地位大大提高，如侍中、黄门侍郎、符节令、兰台令史等，更重要的就是尚书机构以及御史中丞，这些官员虽"文属少府"，但其向国家行政监察中枢过渡的趋势则非常明显①。

第一节　魏晋南朝的少府

汉魏之际，九卿当中机构变化最大的莫过于少府。

第一，尚书台从少府中分离成为独立机构。东汉时期，尚书任重，"出纳王命，敷奏万机，盖政令之所由宣，选举之所由定，罪赏之所由正。斯乃文昌天府，众务渊薮，内外所折衷，远近所禀仰"②。但在机构设置上，尚书台依然文属少府，尚书令仅秩千石，尚书仆射才秩六百石，权位悬殊；到曹魏时期，尚书台正式从少府中分离，尚书的身份也由宫

---

① 白钢主编，孟祥才著：《中国政治制度通史·第三卷　秦汉》，人民出版社，1996年版，第201—202页。
② 杜佑：《通典》卷二十二《职官四·尚书省》，第588页。

官转为朝官①,而尚书令、仆亦与九卿同为三品官②,成为名实相符的政务机关。

第二,中书及秘书从少府中分离成为独立机构。对于曹魏时期中书、秘书从少府分离的过程,《唐六典》卷十《秘书省》本注中的叙述较为明晰:

> 魏武为魏王,置秘书令,典尚书奏事,即中书之任也,兼掌图书秘记。文帝黄初中,分秘书立中书,因置监、令,乃以散骑常侍王象领秘书监,撰《皇览》。……魏初,秘书属少府。及王肃为监,以为秘书之职即汉东观之任,安可复属少府?自此之后,不复属焉。③

从中可以看到,魏武帝所置之秘书实乃汉代中书之任,职典尚书奏事,兼掌图书秘记,与东汉桓帝时期专"掌典图书古

---

① 王素:《三省制略论》,齐鲁书社,1986年版,第32—42页。
② 见《通典》卷三十六《职官十八·秩品一》"魏官置九品"条,对于《通典》中所列魏官品的考证可参祝总斌:《两汉魏晋南北朝宰相制度研究》,中国社会科学出版社,1990年版,第147—148页。另阎步克有更详细的考证,认为司马氏为给夺权制造舆论,于魏末咸熙年间掀起一个"制度创新"高潮,"可以认为,《魏官品》就是在这个时候,由尚书仆射裴秀等人着手制订的"。(阎步克:《品位与职位——秦汉魏晋南北朝官阶制度研究》,中华书局,2002年版,第226—238页)
③ 李林甫等:《唐六典》,第296页。

今文字，考合异同"的秘书监名同而实异①。到魏文帝时期，分秘书置中书，中书先于秘书从少府中分离，继而王肃为秘书监，秘书才最终脱离少府而独立。

第三，门下众官从少府中分离。东汉时期，门下有三寺：由千石的侍中、六百石的黄门郎（即给事黄门侍郎）所组成的"侍中寺"；由千石的中常侍、六百石的小黄门所组成的"东寺"；而禁军将军所居则谓之"西寺"；此三寺实即西汉"中朝"的组织化，虽然互不统属，但因俱在黄门之下，故可称"门下三寺"。灵帝死后，尽诛宦官，中常侍、小黄门遂废，而禁军总于权臣，多不在西寺宿值，故东汉末期，"门下三寺"实际上仅存侍中寺。此外，魏文帝黄初元年（220年）恢复秦之散骑，并中常侍，合称"散骑常侍"，又恢复给事中，以代汉之中常侍与小黄门，仍居门下，名曰"散骑省"。时门下既有二省，且各自独立，机构庞大，难为少府所容，遂从少府分出。②

第四，御史台从少府分离中成为独立机构。东汉时期的御史中丞，本为西汉御史大夫之丞，"旧别监御史在殿中，密举非法"，及御史大夫转为司空，因别留中，为御史台率，

---

① 杜佑：《通典》卷二十六《职官八·秘书监》载："汉氏图籍所在，有石渠、石室、延阁、广内，贮之于外府。又有御史中丞居殿中，掌兰台秘书及麒麟、天禄二阁，藏之于内禁。后汉图书在东观，桓帝延熹二年，始置秘书监一人，掌典图书古今文字，考合异同，属太常，后省。"可见东汉桓帝延熹二年（159年）所置秘书监仅掌图籍，因其在禁内而称秘书。

② 王素：《三省制略论》，齐鲁书社，1986年版，第77—84页。

后又属少府。到曹魏时期，御史台作为专掌监察的中央机构，其官员最高层次是御史中丞；然后是治书执法、治书侍御史；最后则是侍御史、殿中侍御史等。这种监察官员层次化与少府职权衰落是同时发生的，因此在曹魏时期，御史台也从少府文属的关系中独立出来了①。御史台脱离少府，是我国古代封建监察体制的重大变革。

在这种背景下，魏晋时期的少府基本沦为官府手工作场的管理者，负责各项手工业品制造，在当时主要可分为三大类：第一类，供皇室及后宫使用的所谓服饰玩好等奢侈品，这类物品种类繁多，有织、染、绘、绣等工艺来提供绫、罗、锦、绣，有刻、镂、镶、嵌来提供珠宝首饰和金银器皿，这都是属于"细作"的高级工艺品。这主要由尚方、细作、中署等机构来承担。第二类，负责制造朝廷官府等公用物品。这些物品同样是种类繁多而又数量庞大，如宗庙郊祀的祭器礼器、朝廷官府的法物仪仗、公卿百官的冠帽袍笏，以及车辇乘舆、旌幡幢盖和日用文具、杂物，等等，不胜枚举；这些器物成为官府手工业制造的一个重要内容。第三类，东晋南朝的少府还负责军器制造。这在东汉本由太仆属下的考工署来完成，据《后汉书》志第二十五《百官二》载，考工令"主作兵器弓弩刀铠之属，成则传执金吾入武库"；魏晋时期，东汉考工之职能则转由少府属下的尚方来

---

① 白钢主编，黄惠贤著：《中国政治制度通史·第四卷 魏晋南北朝》，人民出版社，1996年版，第274页。

完成，南朝沿袭。总之，魏晋南朝的少府机构主要承担御用、公用、军用等器物的制作①。

魏晋时期，少府地位还较高；但南朝宋、齐时期，"少府管掌市易，与民交关，有吏能者，皆更此职"②，故多以寒门为之。《南史》卷十六《毛惠素传》载惠素为少府卿，"吏才强而治事清刻。敕市铜官碧青一千二百斤供御画，用钱六十万。有谗惠素纳利者，世祖怒，敕尚书评贾，贵二十八万余，有司奏之，伏诛。死后家徒四壁，上甚悔恨"；而刘宋时期萧惠开，"除少府，加给事中。惠开素刚，至是益不得志，寺内所住斋前，有向种花草甚美，惠开悉划除，列种白杨树。每谓人曰：'人生不得行胸怀，虽寿百岁，犹为夭也。'发病欧血，吐如肝肺者甚多"。梁武帝天监改革后，少府为第十一班；陈承梁制。

第二节　魏晋南朝的少府机构

魏晋少府"统材官校尉、中左右三尚方、中黄左右藏、左校、甄官、平准、奚官等令，左校坊、邺中黄左右藏、油

---

① 傅筑夫：《中国封建社会经济史》（第三卷），人民出版社，1984年版，第288—326页。
② 《南齐书》卷五十三《良政·沈宪传》，第920页。

第四章 魏晋南朝的少府(附大司农)

官等丞"①。

其中,材官校尉为曹魏所置,"秩比二千石,主天下材官",即管理材木之官,唐长孺先生认为这是当时政府控制木材等物资的举措②。

东汉少府本有尚方令一人,"主作手工作、御刀剑、玩好器物及宝玉作器……汉末分尚方为中、左、右三尚方,魏晋因之"③。

中黄左右藏,为帝室私产的贮藏保管机构,"后汉少府属官有中藏府令、丞各一人,掌中藏币帛、金银、货物。魏氏因之。晋少府属官有左、右藏令"④。

东汉将作大匠有左、右校令各一人,六百石,主左、右工徒⑤,"魏并左校、右校于材官"⑥,西晋有左校。

曹魏甄官令所属不详,"后汉有前、后、中甄官令,属

---

① 《晋书》卷二十四《职官志》,第737页。
② 唐长孺《魏、晋至唐官府作场及官府工程的工匠》:"为了保证官府作场原料的充足,所以不但铁、铜、金、银等坑冶的开采全由政府主持,即其他物资也有由政府控制的。……曹爽专政之时,他要盖房屋及造器物还必须从材官那里取得材料,就可知道巨大木材也象(像)盐铁一样的不准私自卖买。"(文收氏著《魏晋南北朝史论丛(外一种)》,河北教育出版社,2000年版,第475页)
③ 杜佑:《通典》卷二十七《职官九·少府监·中尚署》,第759—760页。
④ 李林甫等:《唐六典》卷二十《太府寺·左藏署》本注,第544页。
⑤ 《后汉书》志第二十七《百官四》:"左校令一人,六百石。本注曰:掌左工徒。丞一人;右校令一人,六百石。本注曰:掌右工徒。丞一人。"(第3610页)
⑥ 杜佑:《通典》卷二十七《职官九·将作监·左、右署》,第762页。

将作。晋有甄官署，掌砖瓦之事"①。

平准令，主染练，"两汉并隶司农，晋平准令有监染吏六人，初隶司农，后隶少府"②。

东汉少府属官掖廷令有暴室丞一人，以宦者为之，"暴室丞主中妇人疾病者，就此室治。其皇后、贵人有罪，亦就此室"③，西晋置奚官署，"掌守宫人、使药、疾病、罪罚、丧葬等事"④。

以上就是魏晋时期少府的基本情况，从中可以看出，此时期少府统领手工作场的同时还保留了东汉时期后宫管理的职能。

东晋哀帝时期，少府"省并丹阳尹，孝武复置"⑤，《晋书》卷九《孝武帝纪》载宁康元年（373年）九月，"复置光禄勋、大司农、少府官"。

刘宋时期，少府"领左右尚方、御府、东冶、南冶、平准等令、丞"⑥，冶官魏、西晋时期本属卫尉，"江左以来，省卫尉，度隶少府。宋世虽置卫尉，冶隶少府如故"⑦；平准，"宋顺帝即位，避帝讳，改曰染署"⑧，《宋书》卷十

---

① 杜佑：《通典》卷二十七《职官九·将作监·甄官署》，第762页。
② 李林甫等：《唐六典》卷二十二《少府监·织染署》本注，第575页。
③ 《后汉书》志第二十六《百官三》，第3595页。
④ 杜佑：《通典》卷二十七《职官九·内侍省·奚官局》，第758页。
⑤ 《晋书》卷二十四《职官志》，第737页。
⑥ 杜佑：《通典》卷二十七《职官九·少府监》，第759页。
⑦ 《宋书》卷三十九《百官志上》，第1232页。
⑧ 《宋书》卷三十九《百官志上》，第1232页。

《顺帝纪》载昇明元年（477年）八月，"戊午，改平准署"。

南齐时期，少府又增加"锻署丞一人"①及"上林令一人，丞一人"②。

萧梁时期，"少府卿，位视尚书左丞，置材官将军、左中右尚方、甄官、平水署、南塘邸税库、东西冶、中黄、细作、炭库、纸官、柒署等令丞"③。陈承梁制。

从上可见，东晋南朝时期，少府已成为专门的官府手工作场管理者，而东汉时期管理后宫的职能已不复存在。

1. 中黄左右藏

东汉少府属官有中藏府令一人，六百石。本注说"掌中币帛金银诸货物"④，可以说是皇帝钱币货物的储存室。《后汉书》卷六十五《段颎传》中载建宁元年（168年）春，段颎将兵万余人西征先零羌大胜，时窦太后临朝，下诏褒赞，并"敕中藏府调金钱彩物，增助军费。拜颎破羌将军"。这等于皇帝不从国库拨款而是自己拿钱来奖励战士。同书卷七十一《皇甫嵩传》载当时黄巾起义，天下响应，京师震动，灵帝召群臣会议，"嵩以为宜解党禁，益出中藏钱、西园厩马，以班军士。帝从之"。这等于是皇帝以私财助充军费。

中藏与中黄藏当是异名同指，或又称黄藏，《后汉书》

---

① 《南齐书》卷十六《百官志》，本注曰："永明三年省，四年复置。"（第318页）
② 《南齐书》卷十六《百官志》，本注曰："亦属尚书殿中曹。"（第318页）
③ 《隋书》卷二十六《百官志上》，第725页。
④ 《后汉书》志第二十六《百官三》，第3596页。

卷七《桓帝纪》载建和元年（147年），"芝草生中黄藏府"，章怀注引《汉官仪》曰："中黄藏府掌中币帛金银诸货物。"孙星衍在其所辑的《汉官六种》案语中认为此处衍"黄"：

> 《后汉书》志："中藏府令一人，六百石。本注曰：掌中币帛金银诸货物。"此衍"黄"字。①

其实中黄藏府就是中藏府，王先谦《后汉书集解》引李祖楙曰："中藏府见桓纪，亦作中黄藏府，《汉官仪》同。"② 也可以佐证本文的说法。

魏承东汉置中藏府令，六百石，第七品，其职掌不变③；西晋时期，少府属官有中黄左、右藏令④。

东晋南朝时期，据《唐六典》卷二十《太府寺·左藏署》本注说："东晋御史九人，各掌一曹，有库曹御史，后复分库曹置外左库、内左库。宋文帝省外左库，而内左库直云左库，孝武帝复置，前废帝又省。齐、梁、陈有右藏库，无左藏。"但《隋书》卷二十七《百官志上》中，太府卿属官中有左、右藏令，黄惠贤先生认为《唐六典》记载有误，

---

① 孙星衍等辑：《汉官六种》，周天游点校，中华书局，1990年版，第139页。
② 范晔撰，王先谦集解：《后汉书集解》（下册），中华书局，1984年版，影印本，第1323页。
③ 洪饴孙：《三国职官表》，表收《后汉书三国志补表三十种》（下册），中华书局，1984年版，第1390页。
④ 《晋书》卷二十四《职官志》，第737页。

左藏不省①。又同书同卷少府卿属官中有中黄令，这些当是天监改制后的统属关系。

2. 甄官署

东汉洛阳城南有甄官署，《后汉书》卷七十五《袁术传》注引韦昭《吴书》曰："汉室大乱，天子北诣河上，六玺不自随，掌玺者以投井中。孙坚北讨董卓，顿军城南，甄官署有井，每旦有五色气从井中出，使人浚井，得汉〔传〕国玉玺，其文曰'受命于天，既寿永昌'。"甄官职掌，据《唐六典》卷二十三《将作监·甄官署》本注曰：

> 后汉将作大匠属官有前、后、中甄官令、丞。晋少府领甄官署，掌砖瓦之任。宋、齐有东、西陶官瓦署督、令各一人。②

可见甄官主掌营建时所需的砖石瓷瓦，因此汉代属将作大匠③。

西晋时期，少府属官有甄官令，宋、齐史无明文，《通典》卷二十七《职官九·将作监·甄官署》载："晋有甄官

---

① 参白钢主编，黄惠贤著：《中国政治制度通史·第四卷　魏晋南北朝》，人民出版社，1996年版，第193页。
② 李林甫：《唐六典》，第597页。此处断句似可商榷，陶官、瓦署应是两个机构，中间应断开。
③ 《汉书》卷十九上《百官公卿表》和《后汉书》志第二十七《百官四》"将作大匠"条中并无甄官令，或因职小位卑而不载。

署,掌砖瓦之事。宋、齐、北齐、隋悉有之。"① 则不知何据,上引《唐六典》所说"宋、齐有东、西陶官瓦署督、令",似甄官令不置,仅以陶官督及瓦署督领之。《宋书》卷九《后废帝纪》载元徽四年(476年)尚书右丞虞玩之表陈时事曰:"二卫台坊人力,五不余一;都水材官朽散,十不两存。备豫都库,材竹俱尽;东西二陶,砖瓦双匮。"此处的东西二陶,应就是《唐六典》所载的东、西陶官之所在。另外,东晋南朝,建康、江陵均建有"瓦官寺",当在官府瓦署附近,瓦署应当也是甄官下面的机构。萧梁时期,少府卿属下复有甄官,陈承梁制。

魏晋南朝时期,魏文帝临终遗制中有言:"吾营此丘墟不食之地,欲使易代之后不知其处。无施苇炭,无藏金银铜铁,一以瓦器,合古涂车、刍灵之义。"② 晋穆帝崩,山陵将用宝器,江逌谏曰:"以宣皇顾命终制,山陵不设明器,以贻后则。景帝奉遵遗制。逮文明皇后崩,武皇帝亦承前制,无所施设,惟脯糒之奠,瓦器而已。昔康皇帝玄宫始用宝剑金舄,此盖太妃罔已之情,实违先旨累世之法。今外欲以为故事,臣请述先旨,停此二物。"③《唐六典》卷二十三《将作监·甄官署》中载:"甄官令掌供琢石、陶土之事;丞为之贰。凡石作之类,有石磬、石人、石兽、石柱、碑碣、碾

---

① 杜佑:《通典》,第762页。
② 《三国志》卷二《魏书·文帝纪》,第81页。
③ 《晋书》卷八十三《江逌传》,第2173—2174页。

硇，出有方土，用有物宜。凡砖瓦之作，瓶缶之器，大小高下，各有程准。凡丧葬则供其明器之属，三品以上九十事，五品以上六十事，九品以上四十事。当圹、当野、祖明、地轴、偶人，其高各一尺；其余音声队与僮仆之属，威仪、服玩，各视生之品秩所有，以瓦、木为之，其长率七寸。"① 从中可以看出，唐代甄官所制作主要是陵墓所需的明器，并且品类众多，我们可以想见魏晋南朝之一斑。

3. 奚官令

《晋书》卷二十四《职官志》少府属官中有奚官令，两汉三国时期不见有此官职，其设立当在西晋时期。追溯奚官之源，《唐六典》卷十二《内侍省·奚官局》本注引《周礼》："酒人、浆人、笾人、醢人、盐人、幂人、女祝、内司服、缝人、守祧，并阉官所职也，皆有女奴、奚、隶焉。"郑玄云：

> 古者，男、女没入县官，皆曰奴；少有才知，以为奚。今之侍史、官婢或曰奚，官女也。②

此外，《初学记》卷十九《人部下·奴婢六》"周奚、晋隶"条本注也对郑玄注释有征引，《初学记》本注为：

---

① 李林甫等：《唐六典》，第597页。
② 李林甫等：《唐六典》，第359页。

《周礼》曰:"奚三百人。"郑玄注曰:"古者从坐,男女没入县官曰奴婢,其少才智者以为奚,今时侍史、官婢女是也。"①

相比较而言,《初学记》引文更为明晰。综合起来,"奚"当是指春秋时期有罪从坐没入县官为奴婢的人当中"少有才知"者。那么奚官应当是管理这些罪人的机构。

西晋时期,邺地有奚官,《晋书》卷三《武帝纪》泰始五年(269年)六月,"邺奚官督郭廙上疏陈五事以谏,言甚切直,擢为屯留令"。又同书卷二十六《食货志》武帝咸宁元年(275年)十二月,诏曰:"出战入耕,虽自古之常,然事力未息,未尝不以战士为念也。今以邺奚官奴婢著新城,代田兵种稻,奴婢各五十人为一屯,屯置司马,使皆如屯田法。"曹操建立魏国时曾都邺,西晋邺地奚官当是承曹魏之旧。东晋及南朝刘宋时期皆有奚官,《晋书》卷九十六《列女传·孟昶妻周氏传》载刘裕将建义,与昶定谋,孟昶妻周氏曰:"君父母在堂,欲建非常之谋,岂妇人所谏!事之不成,当于奚官中奉养大家,义无归志也。"《宋书》卷六《孝武帝纪》大明三年(459年)秋七月幸未,大赦天下,"尚方长徒、奚官奴婢老疾者悉原放"。《南齐书》卷四十一《张融传》载宋明帝泰始五年(469年),"明帝取荆、郢、

---

① 徐坚等:《初学记》,中华书局,1962年版,第464页。

湘、雍四州射手,叛者斩亡身及家长者,家口没奚官"。但这一时期奚官统属不详。萧梁时期,大长秋属官有奚官令。

两晋南朝时期奚官令的职掌,《通典》卷二十七《职官·内侍省·奚官局》载:"掌守宫人、使药、疾病、罪罚、丧葬等事。"① 这与两汉时期少府属官中的暴室令接近。

4. 细作令

南朝宋所置,据《宋书》卷三十九《百官上》载,宋高祖践祚,"以相府细作配台,即其名置令一人,丞二人,隶门下",细作的职掌与御府相同,主要负责诸玩好的制作。宋世祖即位之初,曾省细作并尚方,《宋书》卷六《孝武帝纪》元嘉三十年(453年)秋七月,辛酉,诏曰:"百姓劳弊,徭赋尚繁,言念未乂,宜崇约损。凡用非军国,宜悉停功。可省细作并尚方,雕文靡巧,金银涂饰,事不关实,严为之禁。供御服膳,减除游侈。水陆捕采,各顺时月。官私交市,务令优衷。其江海田池公家规固者,详所开弛。贵戚竞利,悉皆禁绝。"但这次省并并不彻底,很快又恢复,据《宋书》卷八十二《周朗传》载世祖即位,普责百官说言,朗上书曰:"……且细作始并,以为俭节,而市造华怪,即传于民。如此,则迁也,非罢也。"

刘宋大明四年(460年),"改细作署令为左右御府令"②。此外,《南齐书》卷五十六《幸臣传·吕文度传》说

---

① 杜佑:《通典》,第758页。
② 《宋书》卷六《孝武帝纪》,第126页。

吕文度"宋世为细作金银库吏,竹局匠"。说明细作下面还有金银库、竹局等机构。

5. 中署

东汉已有其名,但非机构之名,据《后汉书》卷七十八《宦者·吕强传》中说,(灵帝)时,帝多稽私臧,收天下之珍,每郡国贡献,先输中署,名为"导行费",强上疏谏曰:

> 天下之财,莫不生之阴阳,归之陛下。归之陛下,岂有公私?而今中尚方敛诸郡之宝,中御府积天下之缯,西园引司农之臧,中厩聚太仆之马,而所输之府,辄有导行之财。调广民困,费多献少,奸吏因其利,百姓受其散。又阿媚之臣,好献其私,容谄姑息,自此而进。

章怀注曰:"中署,内署也。导,引也。贡献外别有所入,以为所献希之导引也。"再结合吕强的谏文可知,中署的"中"指的是为皇室服务的机构"尚方""御府""西园""中厩"等内署,是泛指而非特指。

中署成为正式机构是在南朝刘宋时期,据《宋书》卷三十九《百官上》载:"后废帝初,省御府,置中署,隶右尚方。汉东京太仆属官有考工令,主兵器弓弩刀铠之属,成则传执金吾入武库,及主织绶诸杂工。尚方令唯主作御刀绶剑诸玩好器物而已。然则考工令如今尚方,尚方令如今中署矣。"可见刘宋中署隶属右尚方,其职掌如汉代的尚方,主作御刀绶剑诸玩好器物等。

6. 平准令

东汉大司农属官有平准令一人，六百石，《后汉书》志第二十六《百官三》本注曰："掌知物价，主练染，作采色。"平准令有两项职掌，其一是掌知物价；其二则是主染练、作采色。

平准何时具有掌染练、作采色的职能，史载不详，《后汉书集解》引惠栋曰："刘熙《释名》云：平准令主染色，色有常平之法，故准而酌之。"① 王先谦在《汉书补注》案语中也辨析说："《续志》所言已非前汉平准设官之义。"②

平准令魏晋时期属少府，南朝时期，"宋唯掌染，顺帝即位，以帝讳准，故曰染署。齐又曰平准，属少府。梁、陈则曰平水令、丞"③。可知梁、陈时期的平水即由平准所改。

周一良先生在其《魏晋南北朝史札记·〈三国志〉札记》"平水"条中把萧梁时期少府卿下的平水和曹魏时期的平水视为同一官职，并认为"是后汉以后中央犹有主水之官"④，这种看法似有待斟酌。梁、陈时期少府卿的属官平水令应当主染练。

---

① 范晔撰，王先谦集解：《后汉书集解》，中华书局，1984年版，影印本，第1320页。
② 王先谦补注：《汉书补注》，书目文献出版社，1995年版，影印本，第279页。
③ 杜佑：《通典》卷二十六《太府卿·平准署》，第731页。
④ 周一良：《魏晋南北朝史札记》，中华书局，1985年版，第20页。

第三节　魏晋南朝的大司农

一

东汉时期大司农主管国家财政，负责全国钱谷、金帛的征收和支付。所有郡国每年四季都要向大司农上报月旦钱谷簿，簿计要分别记载郡国现存和拖欠的钱粮数额；边郡官员凡请求调剂钱谷，也要呈报大司农，由大司农酌情调剂，以"损多益寡，取相给足"，并且西汉时期少府所具有的一部分财政职能东汉皆转归大司农①，皇室的开支亦由国库调拨，皇室财政与国家财政合二为一②。但东汉大司农机构并没有扩大，反有所省减，郡国的盐、铁官西汉本属司农，东汉则皆属郡县，此外洛阳市长、荥阳敖仓官，东汉皆属河南尹，又省均输等官。大司农仅统太仓、平准及导官三令。导官令"主舂御米，及作乾糒"③；导，就是拣择的意思。平准令则

---

①《后汉书》志第二十六《百官三·少府》："承秦，凡山泽陂池之税，名曰禁钱，属少府。世祖改属司农。"（第3600页）

② 马大英："（西汉）在国家财政之外，别有皇室财政，它有独立的收入。但是这种情况，到了后汉作了重大更改，皇室财政与国家财政合一，皇室的独立收入并作国家收入。因此少府的职掌只是单纯管皇室支出了。"（马大英：《汉代财政史》，中国财政经济出版社，1983年版，第13—14页）

③《后汉书》志第二十六《百官三》，第3590页。

主掌染练，作采色。

曹魏时期，大司农系统中新增屯田诸官。早在东汉建安年间，曹操就在其所控制的地区实行屯田，其方式分民屯和军屯。民屯的组织形式，据高敏先生考证，屯置司马，或称"农司马"，在"屯司马"或"农司马"之上，则有典农都尉，秩六百石或四百石，是相当于县令、长级别的地方农官；典农都尉之上，则为典农校尉或典农中郎将，二者均相当于郡太守级别的地方官，只是官秩略有差别，典农中郎将秩二千石，典农校尉秩比二千石；二者均可简称"典农"。典农中郎将与典农校尉之下，则设校尉丞属官，这两级管理民屯田的官吏，都是曹操时所制定的[①]。最后，各郡的典农中郎将或典农校尉，皆统属于中央的大司农[②]。但据师何德章先生的考证，"民屯系统最初随曹操名位的变化，先后隶属于司空府、丞相府及魏王国，曹魏政权正式建立后，在名义上隶属于中央的大司农，实际上由总管全国政务的尚书省

[①] 《后汉书》志第二十六《百官三》刘昭注引《魏志》曰："曹公置典农中郎将，秩二千石。典农都尉，秩六百石，或四百石。典农校尉，秩比二千石。所主如中郎。部分别而少，为校尉丞。"（第3591页）

[②] 高敏主编《魏晋南北朝经济史》（上册），上海人民出版社，1996年版，第192—194页。

直接管理"①。军屯一般按军队原有的编制进行组织与管理，分管各地军队屯田的官员从下到上有度支都尉、度支校尉、度支中郎将等，他们则直属于中央掌管"军国支计"的度支尚书②。

但在魏末晋初，司马氏掌权之后逐步罢民屯，并裁撤典农官，或转典农官为郡守、县令，到晋武帝泰始二年（266年），典农官就被彻底废除，大司农所属的农官系统至此罢废③。

此外，魏晋时期，中央财政体制的最大变化就是度支尚书逐渐取代大司农成为国家财政的主管机构。度支尚书设于魏文帝时期，时以司马孚为之，"专掌军国支计"④。西晋时，杜预以散侯定计省阋，拜度支尚书，"乃奏立藉田，建安边，论处军国之要。又作人排新器，兴常平仓，定谷价，较盐运，制课调，内以利国外以救边者五十余条，皆纳焉"⑤；

---

① 赵德馨主编，何德章著：《中国经济通史·第三卷》，湖南人民出版社，2002年版，第296页。此外，刘静夫：《曹魏屯田官隶属大司农说质疑》，《南充师院学报（哲学社会科学版）》1980年第3期；以及王鑫义：《曹魏民屯与中央政府隶属关系新探》，《甘肃社会科学》1991年第1期；马植杰：《论曹魏典农官的隶属关系和士家的地位》，《史学月刊》1993年第4期；等等，都对曹魏屯田官与大司农的关系进行了探讨，提出了不同的观点，但师何德章先生的观点最具代表性。

② 参赵德馨主编，何德章著：《中国经济通史·第三卷》，湖南人民出版社，2002年版，第302页。

③ 具体可参［日］西嶋定生：《中国经济史研究》，冯佐哲、邱茂、黎潮合译，农业出版社，1984年版，第240—243页。

④ 《晋书》卷三十七《安平献王孚传》，第1082页。

⑤ 《晋书》卷三十四《杜预传》，第1027页。

《太平御览》卷二一七《职官十五·度支尚书》引《晋起居注》载:"咸宁五年诏曰:'一年不收,使公私俱匮,不唯天时,乃人事有不尽也。故总要者,正在度支尚书也。其以散骑常侍张华为度支尚书'"①;而据《晋书》卷三十六《张华传》载当时晋武帝潜与羊祜谋伐吴,群臣多以为不可,唯张华赞成其计,"及将大举,以华为度支尚书,乃量计运漕,决定庙算",最终以功封侯。

度支尚书到南朝宋、齐时期,机构日益完善,下有度支、金部、仓部、起部四曹作为分支机构,各有曹郎、令史。有关漕、藏的钱谷、布帛、役力、器械等,皆由度支尚书负责管理,财政开支亦由度支支配②,而大司农基本沦为国家仓库总管。

二

西晋时期大司农"统太仓、藉田、导官三令,襄国都水长,东西南北部护漕掾",其中的都水及护漕掾等官说明此时大司农仍负有一部分漕运及水利灌溉的职能。过江之后,

---

① 李昉等:《太平御览》,中华书局,1960年版,第1035页。
② 《南齐书》卷三十四《虞玩之传》载宋元徽中,玩之为尚书右丞。时萧道成参政,与玩之书曰:"张华为度支尚书,事不徒然。今漕藏有阙,吾贤居右丞,已觉金粟可积也。"(第607页)玩之上表陈府库钱帛,器械役力,所悬转多,兴用渐广,虑不支岁月。朝议优报之。

都水长、各护漕掾职并入都水使者,省藉田令①,大司农统太仓、导官二令,而太仓令江左以来又有东仓、石头仓丞各一人;东晋哀帝时期,桓温并大司农入都水,孝武帝时期复置。其省而复置的原因,实因仓廪谷食为国之大本,不可或缺,且江南经济相对薄弱,对粮谷的需求就显得格外重要,《晋书》卷二十六《食货志》载东晋初期情况称:

> 元帝为晋王,课督农功,诏二千石长吏以入谷多少为殿最。其非宿卫要任,皆宜赴农,使军各自佃作,即以为廪。太兴元年,诏曰:"徐、扬二州土宜三麦,可督令燡地,投秋下种,至夏而熟,继新故之交,于以周济,所益甚大。昔汉遣轻车使者氾胜之督三辅种麦,而关中遂穰。勿令后晚。"

以二千石长吏入谷多少为殿最,且"非宿卫要任,皆宜赴农,使军各自佃作,即以为廪",可见当时窘竭之况;同书同志又载:"咸和五年,成帝始度百姓田,取十分之一,率亩税米三升。六年,以海贼寇抄,运漕不继,发王公以下余丁,各运米六斛。是后频年水灾旱蝗,田收不至。咸康初,算度田税米,空悬五十余万斛,尚书褚裒以下免官。"虽然当时粮运的筹集由度支尚书负责,但仓廪储备系统则由大司

---

① 参《宋书》卷三十九《百官志上》载,藉田令"江左省"。

农负责。

南朝宋、齐时期,大司农统太仓、导官、藉田三令。其中藉田令过江不置,明帝时温峤曾奏军国要务,其中提到"古者亲耕藉田以供粢盛,旧置藉田、廪牺之官。今临时市求,既上黩至敬,下费生灵,非所以虔奉宗庙蒸尝之旨。宜如旧制,立此二官"①,但并未施行;刘宋元嘉中复置②。

萧梁天监改制之后,大司农"位视散骑常侍,主农功仓廪。统太仓、导官、籍田、上林令,又管乐游、北苑丞,左右中部三仓丞,荚库、荻库、箬库丞,湖西诸屯主。天监九年(510年),又置劝农谒者,视殿中御史";从中我们可以看出,大司农职掌有所扩大,在以往所统太仓、导官、藉田的基础上,增加了荚库、荻库、箬库等经济及军事储备型的仓库,同时兼管皇家的游乐场所,天监九年(510年)所置的劝农谒者,后以扰民废止③。

上林令,西汉上林中有八丞、十二尉、十池监;丞、尉属水衡都尉,池监属少府。东汉有上林令、丞各一人,隶少府④。魏晋不置。刘宋孝武帝大明三年(459年)九月壬辰,

---

① 《晋书》卷六十七《温峤传》,第1789页。
② 《宋书》卷三十九《百官志上》载,藉田令"宋太祖元嘉中又置"。(第1231页)
③ 《南史》卷五十五《邓元起传附罗研传》载邓元起平蜀,辟罗研为主簿,后为信安令,"故事置观农谒者,围桑度田,劳扰百姓。研请除其弊,帝从之"。(第1369页)
④ 《宋书》卷三十九《百官志上》,第1238页。

"于玄武湖北立上林苑"①，其地据《建康实录》卷十三《宋下上·世祖孝武皇帝》载：

> 今县（唐江宁县，南朝为建康）北十三里，见有古池，南俗呼为饮马塘，其西见有望官台。②

刘宋上林令隶属于尚书殿中曹及少府③；南齐承袭，上林令属少府，亦属尚书殿中曹；萧梁改属大司农。

南朝时期之乐游苑，其地原为晋之北郊，《宋书》卷十四《礼志一》载："北郊，晋成帝世始立，本在覆舟山南。宋太祖以其地为乐游苑，移于山西北。"《建康实录》卷十二《宋中·太祖文皇帝》载元嘉二十一年（444年）七月，"甘露降乐游苑"，许嵩案曰：

> 《舆地志》：县东北八里。晋时为药圃，卢循之筑，药园垒即此处也。其地旧是晋北郊，宋元嘉中移坛出外，以其地为北苑，遂更兴造楼观于覆舟山，乃筑堤壅水，号曰后湖。其山北临湖水，后改曰乐游苑。山上大设亭观，山北有冰井，孝武藏冰之所。至大明中，又盛造正阳殿，梁侯景之乱，悉焚毁。至陈天嘉二年，更加

---

① 《宋书》卷六《孝武帝纪》，第124页。
② 许嵩：《建康实录》，张忱石点校，中华书局，1986年版，第480页。
③ 《宋书》卷三十九《百官志上》，第1238页。

修葺，于山上立甘露亭，陈亡并废。①

此处叙乐游苑兴废较为清晰；《六朝事迹编类》卷四《楼台门·乐游苑》中的内容则稍显丰富，现亦引述如下：

> 《舆地志》云：在晋为药园，宋元嘉中以其地为北苑，更造楼观，后改为乐游苑。宋孝武帝大明中，造正阳、林光殿于内。梁侯景之乱，焚毁略尽。陈天嘉六年（校勘记：《建康实录》作"二年"），更加修葺，陈亡遂废。又按《建康实录》：宋文帝元嘉十一年三月，禊饮于乐游苑。会者赋诗，颜延之为序。《南史》：梁大通三年，武帝幸乐游苑，时新造两刀稍（校勘记：《南史·羊侃传》作"两刃稍"），长二丈四尺，围一尺三寸。帝因赐羊侃河南国紫骝马试之。侃执稍上马，左右击刺，特尽其妙。观者登树，树俄而折，因号其稍为折树稍。及陈宣帝即位，北齐使常侍李骒騄来聘，赐宴乐游苑，尚书令江总作诗以赠之。《寰宇记》云：其地在覆舟山南，去县六里。②

从中可以看到南朝时期的乐游苑为帝王及群臣经常的宴集之

---

① 许嵩：《建康实录》，张忱石点校，中华书局，1986年版，第438页。
② 张敦颐：《六朝事迹编类》，张忱石点校，上海古籍出版社，1995年版，第56页。

所，或修禊赋诗，或试马演技，或于中款待来使，苑中有藏冰之所，又有楼观亭台；梁侯景之乱时遭焚毁，陈朝天嘉时期又加修葺，可谓历代皆有增修。但南朝宋、齐时期乐游苑所属不详，梁、陈时期才归大司农统管。

附考一　魏晋南朝的左、右校及材官校尉

西汉时期，有将作少府，据《汉书》卷十九上《百官公卿表上》载：

> 秦官，掌治宫室，有两丞、左右中候。景帝中六年更名将作大匠。属官有石库、东园主章、左右前后中校七令丞，又主章长丞。武帝太初元年更名东园主章为木工。成帝阳朔三年省中候及左右前后中校五丞。

从中可知，将作少府本汉承秦制，景帝于中六年（前144年）更名为将作大匠，主要负责宫室的营建，其属官中有左、右、前、后、中五校令、丞，而成帝于阳朔三年（前22年）罢省五丞但置五校令。东汉时期，将作大匠"掌修作宗庙、路寝、宫室、陵园木土之功，并树桐梓之类列于道侧"①，有左、右校令各一人，六百石，掌左、右工徒；前、后、左、右、中五校在东汉时期仅置左、右二校。"'校'字本义，既是一种军事编制，也有木囚之义"②，因此左、右校

---

① 《后汉书》志第二十七《百官四》本注，第3610页。
② 安作璋、熊铁基：《秦汉官制史稿》（上册），齐鲁书社，1984年版，第228页。

所掌之工徒常为有罪之刑徒，在工程营建中输作苦力，以示罪罚，王先谦《后汉书集解》引李祖楙曰："左右校，署名，凡臣工坐法，常输作于此校也。"① 此例甚多，《后汉书》卷二十六载著为东海相，"政任威刑，为受罚者所奏，坐论输左校"。同书卷六十五《皇甫规传》载规因得罪中常侍徐璜、左悺等人，"遂以余寇不绝，坐系廷尉，论输左校"。又同书卷七十八《宦者·单超传》载黄浮为东汉相，亦因得罪徐璜，而"坐髡钳，输作右校"。

曹魏时期，有关左、右校的记载颇多抵牾，洪饴孙《三国职官表》魏将作大匠下有右校令一人，六百石，第七品，掌右工徒，洪氏案语考证说：

> 左校掌营构木作采材等事，右校掌营土作瓦泥并烧石灰厕溷等事，见《通典》。故魏并左校于材官，而右校仍属大匠。②

---

① 范晔撰，王先谦集解：《后汉书集解》，中华书局，1984年版，影印本，第1329页。
② 洪饴孙：《三国职官表》，表收《后汉书三国志补表三十种》（下册），中华书局，1984年版，第1396—1397页。

但《通典》所言是为唐制①,洪氏以后代制度推度曹魏之情形,难以使人信服,且《通典》当中明言"魏并左校、右校于材官"②,则又当何论?此外,《唐六典》卷二十三《将作监·左校署》本注中说:

> 后汉唯置左、右校令、丞各一人,令六百石;又有材官校尉。魏并左校于材官。③

此或当为洪氏所据,但材官校尉为曹魏所置,《太平御览》卷二四二《职官部四十·诸校尉·材官校尉》引《魏略》曰:

> 材官校尉,黄初中置,秩比二千石,主天下材官,属少府。④

---

① 杜佑:《通典》卷二十七《职官九·将作监·左右校署》:"隋左、右校令丞属将作,大唐因之。左校署令、丞二人。(本注曰:掌营构、木作、采材等事。)右校署令、丞二人。(本注曰:掌土作、瓦泥并烧石灰、厕涸等事。)"第762页。又《唐六典》卷二十三《将作监》中有载:"左校令掌供营构梓匠之事,致其杂材,差其曲直,制其器用,程其功巧,丞为之贰";"右校令掌供版筑、涂泥、丹雘之事,丞为之贰。凡料物支供皆有由属,审其制度而经度之。"(李林甫等:《唐六典》,第595—596页)所言皆为唐代制度。

② 杜佑:《通典》卷二十七《职官九·将作监·左右校署》,第762页。
③ 李林甫等:《唐六典》,第595页。
④ 李昉等:《太平御览》,中华书局,1960年版,第1147页。

可见《唐六典》的说法也有不通。另外,《宋书》卷三十九《百官上》载:

> 魏右校又置材官校尉,主天下材木事。

此则又为一说。《宋书·百官志》《唐六典》《通典》所记各异,而《三国志》中此方面的记载更无踪迹可循,但据《晋书》卷二十四《职官志》,西晋少府"统材官校尉、中左右三尚方、中黄左右藏、左校、甄官、平准、奚官等令,左校坊、邺中黄左右藏、油官等丞",既有材官校尉,亦有左校令,因此笔者认为,西晋或当承魏制,曹魏时期应该并右校于材官校尉,而非如《宋书》卷三十九《百官上》所说的"右校又置材官校尉";此外另有一佐证,据《隋书》卷三十二《经籍志一》载:

> 《声类》十卷。魏左校令李登撰。

是魏有左校之明证。

西晋有左校无右校,东晋时期,"改材官校尉曰材官将军,又罢左校令。今(刘宋)材官隶尚书起部及领军"①,至此,左、右校令并罢废,唯置材官将军。但《唐六典》卷二

---

① 《宋书》卷三十九《百官志上》,第1238页。

十三《将作监·左校署》本注说："宋、齐、梁、陈又有左校令、丞，别置材官将军、司马。"①《通典》卷二十七《职官九·将作监·左右校署》亦载："宋以后并有左校令、丞。"②《通典》多据《唐六典》，或致此相同错误，宋、齐当无左、右校；萧梁时期，天监改制后复置大匠卿，"位视太仆，掌土木之工。统左、右校诸署"③，左、右校应当在此时恢复。陈承梁制。

此外，南朝宋、齐时期罪人无系于左、右校者，而多系尚方，如《宋书》卷八十三《宗越传》载："时荆州刺史朱修之未至，越多所诛戮，又逼略南郡王义宣子女，坐免官系尚方。"同书卷八十七《殷琰传》载："臧质反，弃郡奔北皖。琰性有计数，欲进退保全，故不还都邑。事平，坐系尚方，顷之被宥。"《南齐书》卷三十四《刘休传》载："友人陈郡谢俨同丞相义宣反，休坐匿之，被系尚方七年，孝武崩，乃得出。"同书卷五十二《文学·陆厥传》载："永元元年，始安王遥光反，厥父闲被诛，厥坐系尚方，寻有赦令，厥恨父不及，感恸而卒，年二十八。"《梁书》卷五十三《良吏·孙谦传》载："永明初，为冠军长史、江夏太守，坐被代辄去郡，系尚方，顷之，免为中散大夫。"等等，史书当中并无一例系左、右校者，也能从侧面说明左、右校宋、齐

---

① 李林甫等：《唐六典》，第 595 页。
② 杜佑：《通典》，第 762 页。
③ 《隋书》卷二十六《百官志上》，第 725 页。

不置。

曹魏时期设置的材官校尉①，主天下材木，《三国志》卷二十四《魏书·王观传》：

> 太尉司马宣王请观为从事中郎，迁为尚书，出为河南尹，徙少府。大将军曹爽使材官张达斫家屋材，及诸私用之物，观闻知，皆录夺以没官。

少府机构，职在服务皇室，曹爽以权臣谋材官为私用，王观"皆录夺以没官"是有充分根据的。西晋材官校尉属少府，东晋改材官校尉为材官将军，宋、齐时期，材官将军转属尚书起部曹及领军，不再属少府管辖。尚书起部曹设立于西晋武帝时期，东晋康穆后又省，南朝宋高祖初期，又加置起部曹，并由度支尚书统领②，很可能在此时材官校尉转属尚书

---

① 此处的"材官"与两汉时期军事方面的"材官士"当非同一概念。《汉书》卷一上《高帝纪第一上》："五月，汉王屯荥阳，萧何发关中老弱未傅者悉诣军。"如淳注曰："律，年二十三傅之畴官，各从其父畴学之，高不满六尺二寸以下为罢癃。《汉仪注》云民年二十三为正，一岁为卫士，一岁为材官骑士，习射御骑驰战陈。又曰年五十六衰老，乃得免为庶民，就田里。今老弱未尝傅者皆发之。未二十三为弱，过五十六为老。"（第37页）又《汉书》卷一下《高帝纪第一下》："上乃发上郡、北地、陇西车骑，巴蜀材官及中尉卒三万人。"应劭注曰："材官，有材力者。"张晏注曰："材官、骑士习射御骑驰战陈，常以八月，太守、都尉、令、长、丞会都试，课殿最。水处则习船，边郡将万骑行障塞。光武时省。"（第73—74页）可见，两汉时期军事上的材官是指有材力之人，而此处材官当针对其职掌所言，即"主天下材木"。

② 《宋书》卷三十九《百官志上》："宋高祖初，加置骑兵、主客、起部、水部四曹郎，合为十九曹。"（第1237页）同书同卷："度支尚书领度支、金部、仓部、起部四曹。"（第1235页）

起部曹①。梁、陈时期，复隶少府卿。这当是梁武帝改官制时恢复其原来所属。

南朝时期的材官，试举数例以说明。《宋书》卷九《后废帝纪》载（元徽）四年（476年）尚书右丞虞玩之表陈时事曰："天府虚散，垂三十年。……民荒财单，不及曩日。而国度弘费，四倍元嘉。二卫台坊人力，五不余一；都水材官朽散，十不两存。备豫都库，材竹俱尽；东西二陶，砖瓦双匮。"同书卷八十九《袁粲传》载齐永明元年（483年）诏曰："……袁粲、刘秉，并与先朝同奖宋室；沈攸之于景和之世，特有乃心，虽末节不终，而始诚可录。岁月弥往，宜沾优隆。粲、秉前年改葬，茔兆未修，材官可为经略，粗合周礼。"《南齐书》卷二十六《王敬则传》："太祖将受禅，材官荐易太极殿柱，从帝欲避土，不肯出宫逊位。"同书卷三十二《王延之传》载："延之清贫，居宇穿漏。褚渊往候之，见其如此，具启明帝，帝即敕材官为起三间斋屋。"又《梁书》卷十五《谢朏传》："（朏）到京师，敕材官起府于旧宅，高祖临轩，遣谒者于府拜授，诏停诸公事及朔望朝谒。"同书卷五十三《良吏·沈瑀传》："明帝复使瑀筑赤山

---

① 尚书起部曹与起部尚书非同一概念，据《唐六典》卷七《尚书工部》"工部尚书"注中说："后汉以民曹兼主缮修、功作、盐池、苑囿之事。自晋、宋、齐、梁、陈，营宗庙则权置起部尚书，事毕省之。"（李林甫等：《唐六典》，第215页）又《初学记》卷十一《职官部上·诸曹尚书第五》："初，宋齐梁陈四代复有起部尚书，营宗庙则权置，毕则省。"（徐坚等：《初学记》，中华书局，1962年版，第264页）

塘，所费减材官所量数十万，帝益善之。"

由上面所引可见，材官不仅主"工匠土木之事"，有时候也受敕负责为大臣修建宅、墓，甚至对一些工程进行预算，等等。

附考二　魏晋南朝尚方机构考述

西汉少府属官有尚方令，东汉沿置，六百石，"掌上手工作、御刀剑、诸好器物"①，是专为皇帝制作御用玩好器物的部门。东汉末则分"尚方为中、左、右三尚方。魏晋因之"②。这点也可以从《三国志》卷二十四《魏书·王观传》中得到证明："少府统三尚方御府内藏玩弄之宝，（曹）爽等奢放，多有干求，惮观守法，乃徙为太仆。"另外，中、左、右三尚方，当有所分工，《三国志》卷三《魏书·明帝纪》注引《魏略》有太子舍人张茂谏明帝大起宫室的上书，其中提到：

> 陛下不兢兢业业，念崇节约，思所以安天下者，而乃奢靡是务，中尚方纯作玩弄之物，炫燿后园，建承露之盘，斯诚快耳目之观，然亦足以骋寇仇之心矣。

又同书卷二十《魏书·彭城王据传》载，"景初元年，据坐私遣人诣中尚方作禁物，削县二千户"，注引《魏略》记载当时的玺书中说：

---

① 《后汉书》志第二十六《百官三》，第3596页。
② 杜佑：《通典》卷二十七《职官九·少府监·中尚署》，第760页。

制诏彭城王：有司奏，王遣司马董和，赍珠玉来到京师中尚方，多作禁物，交通工官，出入近署，逾侈非度，慢令违制，绳王以法。……

可见三尚方不但有分工，而且中尚方在三者中地位较高。尚方专为皇帝服务，属于"近署"，里面的工官不能随意与外人交通，盖尚方主作禁器物，使用或者仿制均属违制。尚方工徒，与东汉将作大匠属下的左、右校工徒一样，常为罪人，《晋书》卷三十《刑法志》记载："（魏文帝）时有大女刘朱，挝子妇酷暴，前后三妇自杀，论朱减死输作尚方，因是下怨毒杀人减死之令。"并且数量庞大，《晋书》卷一百二十四《慕容熙载记》说："中卫将军冯跋、左卫将军张兴，先皆坐事亡奔，以熙政之虐也，与跋从兄万泥等二十二人结盟，推慕容云为主，发尚方徒五千余人闭门距守。"虽然是十六国时期的例子，但从中也可见一斑。

东晋时期，据《晋书》卷二十四《职官志》载："自渡江唯置一尚方。"《建康实录》卷七《晋中·显宗成皇帝》载，"[咸和五年（330年）]九月，作新宫，始缮苑城，修六门"，许嵩案：

《地舆志》：都城周二十里一十九步，本吴旧址，晋江左所筑，但有宣阳门。至成帝作新宫，始修城开陵阳

> 等五门，与宣阳为六，今谓六门也。南面三门，最西曰陵阳门，后改名为广阳门，门内有右尚方，世谓之尚方门。

可知东晋成帝时还有右尚方，并且在建康城陵阳门（后改广阳门）内。

刘宋时期，武帝践祚，"以相府作部配台，谓之左尚方，而本署谓之右尚方焉"，"并掌造军器"①，是刘裕即位之后，把称帝前自己霸府中的"作部"配台改为左尚方，而以前的尚方则称右尚方，尚方又一分为二。并且其职掌也有变化，"即由宫廷造玩赏之作坊，转为官府军工作坊"②。而以前尚方的职能则由御府来承担。

萧齐承宋制，置"左、右尚方令各一人，丞一人"③，属少府。"梁置左、中、右尚方三令丞，其令并从九品；其后废中尚方，唯存左、右而已。陈因之。"④

---

① 《宋书》卷三十九《百官志上》，第1232页。
② 白钢主编，黄惠贤著：《中国政治制度通史·第四卷 魏晋南北朝》，人民出版社，1996年版，第191页。
③ 《南齐书》卷十六《百官志》，第318页。
④ 李林甫等：《唐六典》卷二十二《少府监·中尚署》本注，第573页。

附考三 魏晋南朝御府机构考述

　　御府令,西汉属少府,师古曰:"御府主天子衣服也。"①但这并不是御府的全部职掌,安作璋、熊铁基在《秦汉官制史稿》中举例分析说:"御府的职掌,是由金钱的管理及于刀剑、玉器、采缯的管理,其中以金钱为主,可以说御府是少府的金钱库,掌管金钱出纳,同时也管衣服和其他珍物的出纳。"② 东汉时期,御府令以宦者为之,其职任不变,《后汉书》卷七十二《董卓传》载:"乱兵入殿,掠宫人什物,(李)傕又徙御府金帛乘舆器服,而放火烧宫殿官府居人悉尽。"《后汉书》志第二十六《百官三·少府》本注说:"典官婢作中衣服及补浣之属。丞、织室丞各一人。"说明在保管衣物的同时也分理后宫女婢杂役之事,织室当负责乘舆器服的制作及缝补。

　　曹魏时期,御府令为后宫主管,属少府。③《三国志》卷二十五《魏书·杨阜传》载阜迁少府:"又上疏欲省宫人诸不见幸者,乃召御府吏问后宫人数。吏守旧令,对曰:'禁

---

① 班固:《汉书》卷十九上《百官公卿表上》,第732页。
② 安作璋、熊铁基:《秦汉官制史稿》(上册),齐鲁书社,1984年版,第198页。
③ 洪饴孙:《三国职官表》,表收《后汉书三国志补表三十种》(下册),中华书局,1984年版,第1388页。

密，不得宣露。'阜怒，杖吏一百，数之曰：'国家不与九卿为密，反与小吏为密乎？'帝闻而愈敬惮阜。"文中"诸不见幸者"应当是皇帝的妃妾，而非奴婢之类，且后宫人数按旧令不得对外宣露，杨阜虽身为少府也不能得知。

魏晋以来，御府也主掌供御物的生产，《三国志》卷四《魏书·三少帝纪·齐王芳纪》载正始元年（240年）秋七月诏曰："《易》称损上益下，节以制度，不伤财，不害民。方今百姓不足而御府多作金银杂物，将奚以为？今出黄金银物百五十种，千八百余斤，销冶以供军用。"同书同卷《高贵乡公髦纪》载高贵乡公即位后，"减乘舆服御，后宫用度，及罢尚方御府百工技巧靡丽无益之物"。《晋书》卷三十三《何遵传》载："（遵）性亦奢忕，役使御府工匠作禁物，又鬻行器，为司隶刘毅所奏，免官。"既然御府有工匠、有百工技巧，就自然有制作之事。

西晋时期，御府改属光禄勋。《晋书》卷三《世祖武帝纪》载泰始元年（265年）戊辰，"下诏大弘俭约，出御府珠玉玩好之物，颁赐王公以下各有差"。又同书卷四十一《魏舒传》载舒上言曰："今选六宫，聘以玉帛，而旧使御府丞奉聘，宣成嘉礼，贽重使轻。以为拜三夫人宜使卿，九嫔使五官中郎将，美人、良人使谒者，于典制为弘。"说明旧制皇帝选娶后妃须御府丞奉聘，魏舒认为"贽重使轻"而要求变改。

东晋省御府①,《晋书》卷六《元帝纪》载大兴二年（319年）"罢御府及诸郡丞"，其职能当由尚方来承担。

宋高祖践祚，"以相府细作配台，即其名置令一人，丞二人，隶门下。世祖大明中，改曰御府，置令一人，丞一人"②，可知刘宋时期，御府是由细作署改，据《宋书》卷六《孝武帝纪》载，大明四年（460年）十一月戊辰，"改细作署令为左、右御府令"，则是改后有左、右御府。细作署原隶属门下，改御府后应当仍旧，《宋书》卷九十二《良吏·王悦传》载："悦为侍中，检校御府、太官、太医诸署，得奸巧甚多。"侍中为门下首长，王悦检校御府正说明御府为其属官。

刘宋前废帝时期，有过罢省御府的诏书，据《宋书》卷七《前废帝纪》载大明八年（464年）六月辛未，诏曰：

> ……宜其宽徭轻宪，以救民切。御府诸署，事不须广，雕文篆刻，无施于今，悉宜并省，以酬氓愿。藩王贸货，壹皆禁断。外便具条以闻。

但似乎没有得到执行，到明帝时期御府依然存在。同书卷八《明帝纪》载泰始元年（465年）十二月丙子，诏曰："皇室

---

① 《晋书》卷二十四《职官志》："自渡江唯置一尚方，又省御府。"（第737页）
② 《宋书》卷三十九《百官志上》，第1232页。

多故,糜费滋广,且久岁不登,公私歉弊。方刻意从俭,弘济时艰,政道未孚,慨愧兼积。太官供膳,可详所减撤,尚方御府雕文篆刻无益之物,一皆蠲省,务存简约,以称朕心。"这当是明帝即位之初的善政举措。到后废帝时,"省御府,置中署,隶右尚方"①,但《宋书》卷十《顺帝纪》载昇明元年(477年)诏书曰:

> 露台息构,义光汉德。雉裘焚制,事隆晋道。故以检奢轨化,敦俭驭俗。顷旬服未静第,师旅连年,委蓄屡空,劳敝莫偃。而丹䐉之饰,縻耗难訾,宝赂之费,征赋靡计。今车服仪制,实宜约损,使徽章有序,勿得侈溢。可罢省御府二署。凡工丽雕镂,伤风毁治,一皆禁断。庶永昭宪则,弘兹始政。

根据此诏书,罢省左、右御府应在顺帝初,又《南齐书》卷一《高帝纪上》中说:"大明泰始以来,相承奢侈,百姓成俗。太祖辅政,罢御府,省二尚方诸饰玩。"正说明顺帝之罢省御府是萧道成所为,意在笼络民心。②

---

① 《宋书》卷三十九《百官志上》,第1232页。
② 《唐六典》及《通典》皆承《宋志》之误,认为省御府是在前废帝初,此点可注意。李林甫等:《唐六典》卷十一《殿中省·尚衣局》本注:"后废帝初,省御府,置中署,隶右尚方;其后又置。"杜佑:《通典》卷二十六《职官八·殿中监·尚衣局》:"后废帝初,省御府,置中署,隶右尚方;其后又置。"(第743页)

萧齐时期，御府为少府属官。"初，宋氏用三品勋位，明帝改用二品，准南台御史，掌金银、采帛，凡诸造作，以供奉，及妃、主、六宫。梁、陈无御府，其职隶在尚方。"①

---

① 李林甫等：《唐六典》卷十一《殿中省·尚衣局》本注，第326页。

第五章　魏晋南朝的太仆（附大鸿胪）

太仆，王先谦《后汉书集解》引惠栋曰："应劭《汉官仪》曰太仆卿周穆王所置也，盖太御，众仆之长，中大夫也。"①《通典》卷二十五《职官·太仆卿》载："《周官》有太仆下大夫，掌正王之服位，出入王之大命，似今太仆之职。一云周穆王置太仆正，以伯冏为之，掌舆马。秦因之，在《周官》则校人掌马，巾车掌车，及置太仆，兼其任也。"可见秦之太仆兼掌车马，汉承秦制。

汉代太仆之重要，更在其主理马政。西汉时期，太仆属官有大厩、未央、家马三令，各五丞一尉；又有车府、路軨、骑马、骏马四令丞以及龙马、闲驹、橐泉、騊駼、承华五监长丞；这些机构主要在长安及附近地方，规模较大的天

---

① 范晔撰，王先谦集解：《后汉书集解》，中华书局，1984年版，影印本，第1317页。

子六厩未央、承华、骑骏、骑马、路軨、大厩等"马皆万匹"①，令秩六百史。此外在河西六郡每郡有一个牧师苑令，共六牧师苑令，每令有三丞；而每郡又有大小不等的牧师苑，以郎为苑监，共三十六所。② 三十六苑有官奴婢三万人，养马三十万匹，这是西汉重要的马匹牧养地，规模之大可以想见。西汉时期，太仆在地方上还设有农官③。

东汉太仆，中二千石，"掌车马。天子每出，奏驾上卤簿用；大驾则执驭。丞一人，比千石"④。西汉规模庞大的太仆机构到东汉时期有较大变化，旧有的五监、六厩到东汉只剩未央一厩，有令一人，六百石，"主乘舆及厩中诸马"⑤，此外长乐厩仅置丞一人。到汉顺帝汉安元年（142年）时增置承华厩。河西六郡主三十六苑的六牧师苑令，"中兴皆省，唯汉阳有流马苑，但以羽林郎监领"⑥。造成这种现象的原因一方面是西汉末年对苑马管理不善而造成的大量耗损，另一方面是王莽时期征伐四夷及国内战乱使得马匹急剧减少；同

---

① 班固：《汉书》卷十九上《百官公卿表上》颜师古注引《汉旧仪》，第736页。

② 雍际春：《西汉牧苑考》，《中国历史地理论丛》1996年第2期；陈芳：《西汉三十六牧苑考》，《人文杂志》2006年第3期。

③ 《汉书》卷二十四下《食货志下》载："乃分缗钱诸官，而水衡、少府、太仆、大农各置农官，往往即郡县比没入田之。其没入奴婢，分诸苑养狗马禽兽，及与诸官。"（第1171页）

④ 《后汉书》志第二十五《百官二》，第3581页。

⑤ 《后汉书》志第二十五《百官二》，第3581页。

⑥ 《后汉书》志第二十五《百官二》，第3582页。

时匈奴衰落后也使东汉王朝对战马的需求有所减弱[1]。

东汉太仆属官还有车府令一人,"主乘舆诸车"[2]。此外,本在西汉属于少府的考工令,东汉改属太仆。考工署主作兵器弓弩刀铠之属,成则传执金吾入武库,是汉代军器制作机构,还主织绶等诸杂工。

第一节 魏晋南朝的太仆

魏、西晋时期,太仆机构依然是国家畜牧业的主管,《太平御览》卷二三〇《职官部二八·太仆卿》引《晋诸公赞》曰:"郭展为太仆,留心于养生,是以厩马充牣,其后征吴,得以济事。"[3] 建安十八年(213年)魏国始建,即置太仆,黄初以来因之。魏、西晋时太仆属官又有典虞都尉,"主田猎"[4],魏明帝毛皇后出身微贱,其父毛嘉曾为典虞车工[5],或当主校猎之车。魏、西晋又设有左、右、中典牧都

---

[1] 龚留柱:《秦汉时期军马的牧养和征集》,《史学月刊》1987年第6期;米寿祺:《先秦至两汉马政述略》,《甘肃社会科学》1990年第2期。
[2] 《后汉书》志第二十五《百官二》,第3581页。
[3] 李昉等:《太平御览》,中华书局,1960年版,第1093页。
[4] 洪饴孙:《三国职官表》,表收《后汉书三国志补表三十种》(下册),中华书局,1984年版,第1365页。
[5] 《三国志》卷五《魏书·后妃·明悼毛皇后传》:"嘉本典虞车工,卒暴富贵,明帝令朝臣会其家饮宴,其容止举动甚蚩骏,语辄自谓'侯身',时人以为笑。"(第167页)

尉,"主边郡苑马"①,及典牧令,"主牧马"②。其实这些官职不仅主马,也有牛、羊,西晋典牧令下就设有羊牧丞。《晋书》卷二十六《食货志》载咸宁三年(277年)杜预的上疏中提到:"典牧种牛不供耕驾,至于老不穿鼻者,无益于用,而徒有吏士谷草之费,岁送任驾者甚少,尚复不调习,宜大出卖,以易谷及为赏直。"武帝诏书则说:"问主者,今典虞右典牧种产牛,大小相通,有四万五千余头。苟不益世用,头数虽多,其费日广。……今既坏陂,可分种牛三万五千头,以付二州将吏士庶,使及春耕。谷登之后,头责三百斛。……其所留好种万头,可即令右典牧都尉官属养之。"同书同卷同志载泰始四年(268年)武帝诏书曰:

> 使四海之内,弃末反本,竞农务功,能奉宣朕志,令百姓劝事乐业者,其唯郡县长吏乎!先之劳之,在于不倦。每念其经营职事,亦为勤矣。其以中左典牧种草马,赐县令长相及郡国丞各一匹。

由上可见,左、中典牧似主种马,而右典牧似主种牛,有较为明确的分工,并且这些马、牛可作官员的赏赐或者租与

---

① 洪饴孙:《三国职官表》,表收《后汉书三国志补表三十种》(下册),中华书局,1984年版,第1365页。
② 洪饴孙:《三国职官表》,表收《后汉书三国志补表三十种》(下册),中华书局,1984年版,第1366页。

"将吏士庶"使用以获取收益。

西晋牧放牛、马之地，据《晋书》卷五十一《束晳传》载时欲广农，晳上议中提到，"州司十郡，土狭人繁，三魏尤甚，而猪羊马牧，布其境内"，而冀北之地，适合牧养猪马，"可悉徙诸牧，以充其地，使马牛猪羊龁草于空虚之田，游食之人受业于赋给之赐，此地利之可致者也"。对此，师何德章先生认为："西晋'州司十郡'，地当今河南、河北、山西、陕西四省毗邻地区，是汉代农业较为发达的地区，西晋时'猪羊马牧，布其境内'，至于妨农，表明当时这一地区畜牧业及牲畜饲养已是相当重要的经济活动。"[1]

东晋南朝立国江南，由于失去了较合适的牧养区，马匹的来源及数量都非常有限。早在三国时期，孙权就通过外交及互市等方式四处求马[2]，甚至其付出巨大代价出使辽东也存在着寻求马匹的目的[3]。高敏先生认为："从东吴的四出求马活动可以看出，中国的东南部地区，特别是长江中下游及闽越一带，在魏晋时期，其畜牧业是不发达的，特别是养马业更是不能与北方相比。"[4] 东晋南朝为获得马匹同样费尽心

---

[1] 赵德馨主编，何德章著：《中国经济通史·第三卷》，湖南人民出版社，2002年版，第506页。
[2] 黎虎：《六朝时期江左政权的马匹来源》，文收氏著《魏晋南北朝史论》，学苑出版社，1999年版，第393—421页。
[3] 黎虎：《孙权对辽东的经略》，文收氏著《魏晋南北朝史论》，学苑出版社，1999年版，第484—500页。
[4] 高敏主编《魏晋南北朝经济史》（下册），上海人民出版社，1996年版，第790页。

机,赠马非常有限,互市也难得良驷,《宋书》卷七十五《颜竣传》载文帝元嘉二十八年(451年),北魏军队自彭城归后,复求互市,竣议曰:

> 议者不过言互市之利在得马,今弃此所重,得彼下驷,千匹以上,尚不足言,况所得之数,裁不十百邪。一相交关,卒难闭绝。寇负力玩胜,骄黠已甚,虽云互市,实觇国情,多赡其求,则桀憿罔已,通而为节,则必生边虞。不如塞其端渐,杜其觊望,内修德化,外经边事,保境以观其衅,于事为长。

可见互市所得马匹"裁不十百",且有泄露军国机密的隐患。在这种情况下,南方政权主要通过战争掠夺以获取马匹,如淝水之战中东晋"获坚乘舆云母车,仪服、器械、军资、珍宝山积,牛马驴骡骆驼十万余"①。《晋书》卷八十一《王逊传》载逊为南夷校尉、宁州刺史,"征伐诸夷,俘馘千计,获马及牛羊数万余,于是莫不振服,威行宁土。"义熙六年(410年)刘裕灭南燕,"斩其王公以下三千人,纳口万余、马二千匹,夷其城隍"②。梁武帝天监六年(507年),北魏中山王元英攻北徐州,围钟离,梁军二十万相拒,大败之,"缘淮百余里,尸骸枕藉,生擒五万余人,收其军粮器械,

---

① 《晋书》卷七十九《谢玄传》,第2082页。
② 《魏书》卷九十七《岛夷刘裕传》,第2131页。

第五章 魏晋南朝的太仆（附大鸿胪）

积如山岳，牛马驴骡，不可胜计"①。

正是因为江左马源及牧区的缩小，太仆一职，"晋江左或置或省，宋以来不置。郊祀则权置太仆执辔，事毕即省"②。罢废的时间，据《晋书》卷七《成帝纪》载咸康七年（341年），"九月，罢太仆官"。直到梁武帝天监七年（508年）五月己亥，"诏复置宗正、太仆、大匠、鸿胪，又增太府、太舟，仍先为十二卿"。

曹魏时期，太仆属官有："典虞都尉，左、右、中牧官都尉三人，考工令，车府令，典牧令，乘黄厩令，骅骝厩令。"③

西晋时期，太仆"统典农、典虞都尉，典虞丞，左右中典牧都尉，车府典牧、乘黄厩、骅骝厩、龙马厩等令。典牧又别置羊牧丞"④。西晋省考工令，其职能由少府属下的尚方承担。

东晋省太仆，车府令转属尚书驾部⑤；乘黄令转属太

---

① 《梁书》卷九《曹景宗传》，第180页。
② 《宋书》卷三十九《百官志上》，第1233页。
③ 洪饴孙：《三国职官表》，表收《后汉书三国志补表三十种》（下册），中华书局，1984年版，第1363—1367页。
④ 《晋书》卷二十四《职官志》，第736页。
⑤ 《宋书》卷三十九《百官志上》："车府令，一人。丞一人。秦官也。二汉、魏、晋并隶太仆。太仆既省，隶尚书驾部。"（1238页）

常①；而骅骝为门下之职②，且刘宋时期，骅骝厩仅置丞而无令③。余官废置不详。

梁武帝复置太仆，"位视黄门侍郎，统南马牧、左右牧、龙厩、内外厩丞"④，第十班；陈承梁制。

第二节 魏晋南朝的大鸿胪

东晋及南朝宋、齐时期，九卿中有事则置，无事则省的卿官除太仆之外，还有大鸿胪一职，故与太仆卿为一章。

大鸿胪，秦名典客，"掌诸归义蛮夷"⑤，汉景帝中六年（前144年）更名大行令，武帝太初元年（前104年）更名大鸿胪。鸿胪之意，应劭曰："郊庙行礼，赞导九宾。鸿，声也；胪，传也。"所以传声赞导，故曰鸿胪。⑥ 其实秦及西汉中期前，归义蛮夷是由典属国掌管⑦，成帝河平元年（前28年）省并大鸿胪，这使其职掌有所扩大。在此之前，大鸿

---

① 《宋书》卷三十九《百官志上》："乘黄令，一人。掌乘舆车及安车诸马。魏世置。自博士至乘黄令，并属太常。"（第1229页）
② 《晋书》卷二十四《职官志》："太仆省，故骅骝为门下之职。"（第736—737页）
③ 《宋书》卷四十《百官志下》："骅骝厩丞，一人。汉西京为龙马长，汉东京为未央厩令，魏为骅骝令。"（第1244页）
④ 《隋书》卷二十六《百官志上》，第725页。
⑤ 班固：《汉书》卷十九上《百官公卿表上》，第730页。
⑥ 杜佑：《通典》卷二十六《职官八·鸿胪卿》本注所引，第724页。
⑦ 据《汉书》卷十九上《百官公卿表上》，典属国"掌蛮夷降者"。

胪主要负责有关诸侯礼仪方面的事务，同时还接待和安排四方郡国上计之吏。

西汉大鸿胪属官有行人、译官、别火三令丞及郡邸长丞。行人，武帝时改名大行令，颜师古说，"故事之尊重者遣大鸿胪，而轻贱者遣大行也"，则大行所掌与大鸿胪基本相同，只轻重有别；译官，顾名思义，应是负责翻译蛮夷语言的官员；别火，负责"归义蛮夷"在京师的餐饮①，武帝太初元年（前104年）置；郡邸长丞则负责郡国设于京师的办事机构，初属少府，中属中尉，后属大鸿胪。东汉"省译官、别火二令、丞及郡邸长、丞，但令郎治郡邸"②，大鸿胪属官仅保留大行令，主诸郎，又有治礼郎四十七人。

两汉时期大鸿胪主外交及蛮夷的同时，尚书机构中的主客曹就参与其中并逐渐分割大鸿胪之职权。西汉成帝尚书分曹之始，即有客曹尚书，"主外国夷狄事"，到东汉光武帝时期，又分客曹为南、北主客③。且随着尚书地位的不断提升，主客尚书不仅可以通过起草下达诏令指挥、制肘大鸿胪，甚至有些时期能够影响大鸿胪的人事任免④。到东汉末期，尚

---

① "别火"之意，是别开火食。[参安作璋、熊铁基：《秦汉官制史稿》（上册），齐鲁社书，1984年版，第164页]

② 《后汉书》志第二十五《百官二·大鸿胪》，第3584页。

③ 《后汉书》志第二十六《百官三》，第3579页。

④ 客曹郎的地位亦较他郎为高，《后汉书》志第二十六《百官三》刘昭注引蔡质《汉仪》曰："客曹郎主治羌胡事，剧迁二千石或刺史，其公迁为县令，秩满自占县去，诏书赐钱三万与三台祖饯，余官则否。治严一月，准谒公卿陵庙乃发。"（第3598页）

书主客已基本分割了大鸿胪的政务职能，使其仅保留了一些礼仪性的职掌了①。

曹魏时期，大鸿胪职掌与东汉同。《三国志》卷十九《魏书·陈思王传》载明帝景初中诏曰："陈思王昔虽有过失，既克己慎行，以补前阙，且自少至终，篇籍不离于手，诚难能也。其收黄初中诸奏植罪状，公卿已下议尚书、秘书、中书三府、大鸿胪者皆削除之。"同书卷二十《武文世王公·中山恭王衮传》载中山王曹衮死后，"诏沛王林留讫葬，使大鸿胪持节典护丧事，宗正吊祭，赠赙甚厚"；同书同卷《楚王彪传》载嘉平中，司马氏害楚王曹彪，"依汉燕王旦故事，使兼廷尉大鸿胪持节赐彪玺书切责之，使自图焉。彪乃自杀"。以上皆能说明曹魏时期大鸿胪掌诸侯事务，并且诸侯有罪，其状亦存大鸿胪。大鸿胪属官大行令，曹魏时期改名客馆令②。

西晋时期，大鸿胪"统大行、典客、园池、华林园、钩盾等令，又有青宫列丞、邺玄武苑丞"③；这里与外交工作关系最密切者为典客与大行。关于典客，《通典》卷二十六《职官八·鸿胪卿·典客署》载："鸿胪属官有大行令、丞。魏改大行令为客馆令，晋改为典客。"④可知汉代为大行令，

---

① 黎虎：《汉唐外交制度史》，兰州大学出版社，1998年版，第70—79页。
② 洪饴孙：《三国职官表》，表收《后汉书三国志补表三十种》（下册），中华书局，1984年版，第1373页。
③ 《晋书》卷二十四《职官志》，第737页。
④ 杜佑：《通典》，第725页。

曹魏改为客馆令，西晋又名典客令。《晋书》卷四十六《李重传》载，重卒，"家贫，宅宇狭小，无殡敛之地，诏于典客署营丧"，可证西晋有典客署这一机构。但到东晋后期，典客又改为客馆，仍曹魏旧称。《晋书》卷九《孝武帝纪》载，孝武帝太元十三年（388年）十二月，延贤堂及"螽斯则百堂、客馆、骠骑库皆灾"。同书卷二十七《五行志上》亦有相同记载，并称"于时朝多弊政，哀陵日兆，不哲之罚，皆有象类，主相不悟，终至乱亡。会稽王道子宠幸尼及姆母，各树用其亲戚，乃至出入宫掖，礼见人主。天戒若曰，登延贤堂及客馆者多非其人，故灾之也"。可见当时有客馆这一官署。关于大行令，曹魏时期改大行为客馆令，似大行已不存在，但《通典》卷二十五《职官七·太常卿·奉礼郎》载："汉大鸿胪有理礼郎四十七人，晋理礼郎四人，属大行令。"这一记载与《晋书》卷二十四《职官志》所记相合，可见大行令依然存在。另外，从西晋大鸿胪机构设置上看，皇室园林亦归其所辖，这是一个较大变化。钩盾东汉本属少府，"典诸近池苑囿游观之处"，其下有苑中丞、果丞、鸿池丞和南苑丞等，西晋转属大鸿胪。华林园令，《晋书》卷二十四《职官志》所记光禄勋属官中亦有此机构，未知孰是。

司马氏过江之后，大鸿胪有事则权置，无事则省，南朝宋、齐时期，也是如此，其职掌又仅限"赞导拜授诸王"①等事务性质，而外交等政务工作则基本由尚书来主持。梁武帝天监改革之后，复置鸿胪卿，"位视尚书左丞，掌导护赞拜"，第九班。

南朝时期鸿胪的下属机构主要是客馆，《唐六典》卷十八《鸿胪寺·典客署》本注载："宋永初中，分置南、北客馆令、丞。齐有客馆令。梁有典客令、丞，在七班之下，为三品勋位。陈因之。"②但据《隋书》卷二十六《百官志上》所记太常属官中有北馆和典客馆令、丞，则应当是天监改制后如此。

---

① 《宋书》卷三十九《百官志上》，第1233页。
② 李林甫等：《唐六典》，第506页。

附考一 魏晋南朝的骅骝厩

西汉时期,太仆属官中有"大厩、未央、家马三令,各五丞一尉;又车府、路軨、骑马、骏马四令丞;又龙马、闲驹、橐泉、騊駼、承华五监长丞"①。除车府令主车之外②,其余众官皆主马,或称厩,或称监;厩则置令,监则置长。安作璋、熊铁基在《秦汉官制史稿》中说:

> 监和厩是一回事,不过厩曰令、监曰长,以县之令、长类比,也许略有大、小之分,有些是既可叫监也可叫厩,如騊駼、承华即是。③

这些官属所主掌的马厩分布不一,有在城内者,有在城外者,《三辅黄图》卷六《厩》载:"翠华厩、大辂厩、果马

---

① 班固:《汉书》卷十九上《百官公卿表上》,第729页。
② 《后汉书》志第二十五《百官二》载车府令一人,六百石。本注曰:"主乘舆诸车。"(第3581页)
③ 安作璋、熊铁基:《秦汉官制史稿》(上册),齐鲁书社,1984年版,第143、144页。

厩、辂梁厩、骑马厩、大宛厩、胡河厩、驹䮄厩,皆在长安城外。"① 还有在地方郡国者,《汉书》卷二十八上《地理志上》载太原郡有家马官,臣瓒注曰:"汉有家马厩,一厩万匹,时以边表有事,故分来在此。家马后改曰挏马也。"其中规模较大的有六厩②,令皆六百石。

东汉时期,据《后汉书》志第二十五《百官二》载,太仆属官有未央厩令,主乘舆及厩中诸马。本注曰:

> 旧有六厩,皆六百石令,中兴省约,但置一厩。后置左骏令、厩,别主乘舆御马,后或并省。

可见西汉旧有的六厩东汉初仅剩未央一厩,后来虽置左骏令别主乘舆御马,不久又被并省。东汉顺帝时期,又置承华厩,《后汉书》卷六《顺帝纪》载汉安元年(142年)"秋七

---

① 陈直曰:"《太平御览》卷一百九十一引《三辅黄图》云:'未央宫有金厩、路軨厩、果马厩、辂梁厩、骑马厩、大宛厩、胡河厩、驹䮄厩,凡九厩,在城内。'与今本颇有异同。本文之翠华、大辂、果马、辂梁、大宛、胡河诸厩名,皆不见于其他古籍。骑马,疑属于太仆骑马令之厩。果马,当即《汉旧仪》所叙中黄门之'果下马'。"(参何清谷:《三辅黄图校释》,中华书局,2005年版,第349页)

② 六厩之名,不易考证,据《汉书》卷十九上《百官公卿表上》载,水衡都尉属官有"技巧、六厩"令、丞,颜师古注引《汉旧仪》云:"天子六厩,未央、承华、驹䮄、骑马、辂軨、大厩也,马皆万匹。"或当指此。但《后汉书》志第二十五《百官二》"旧有六厩,皆六百石令",刘昭注曰:"《前书》曰,有大厩、未央、家马三令,各五丞一尉;又车府、路軨、骑马、骏马四令丞。晋灼曰:'六厩名也,主马万匹。'"似又以大厩、未央、家马、路軨、骑马、骏马为六厩。

月,始置承华厩"。注引《东观记》曰:"时以远近献马众多,园厩充满,始置承华厩令,秩六百石。"但此承华厩与西汉承华厩有何关系,不可考。

以骅骝名厩,当始自曹魏。骅骝,相传为周穆王八骏①之一,据《史记》卷五《秦本纪》载:

> 造父以善御幸于周缪王,得骥、温骊、骅骝、騄耳之驷,西巡狩,乐而忘归。

其中骅骊就是骅骝②,集解引郭璞的注释曰:"色如华而赤。今名马骠赤者为枣骊。骊,马赤也。"郭璞又曰:"八骏皆因其毛色以为名号。"可见,骅骝是因其毛色如华而赤以得名。

曹魏时期的骅骝厩当承西汉六厩、东汉未央厩而来,《唐六典》卷十七《太仆寺·典厩署》本注曰:"汉太仆属官有大厩、未央厩令。后汉太仆属官有未央厩令,主乘舆及宫中诸马;其后,置左骏令,别主乘舆御马。魏有骅骝厩令。"③洪饴孙《三国职官表》中骅骝令为"六百石,第七品。掌乘舆及厩中诸马。魏所置"④。

---

① 八骏之名,据《史记》卷五《秦本纪》司马贞《索隐》按:"《穆王传》曰赤骥、盗骊、白义、渠黄、骅骝、騟骊、騄耳、山子。"(第176页)
② 《辞源》(合订本):"骊,赤体黑鬣尾的马。《说文》作'驪'。今作'骝'。"(商务印书馆,1999年版,第1882页)
③ 李林甫等:《唐六典》,第483页。
④ 洪饴孙:《三国职官表》,表收《后汉书三国志补表三十种》(下册),中华书局,1984年版,第1367页。

西晋太仆属官中有骅骝厩、龙马厩等令①，较曹魏时又增龙马厩；龙马之名，也当承西汉龙马监而来。东晋时期太仆或省或置，故骅骝厩改属门下②，龙马令则不见记载，或已省去。刘宋改骅骝厩令为骅骝厩丞③，萧齐时期骅骝厩又分为内外，有丞各一人④；宋、齐承东晋属门下⑤。

梁、陈时期，骅骝厩丞依然属门下，据《隋书》卷二十六《百官上》载：

> 门下省置侍中、给事黄门侍郎各四人，……侍中高功者，在职一年，诏加侍中祭酒，与侍郎高功者一人，对掌禁令，公车、太官、太医等令，骅骝厩丞。

但与此同时，梁、陈时期的太仆又"统南马牧、左右牧、龙厩、内外厩丞"⑥。与门下之骅骝厩职掌似有重复，具体分工如何，不太可考，或者以骅骝厩供御用，而龙厩及内外厩供国用？

---

① 《晋书》卷二十四《职官志》，第736页。
② 《晋书》卷二十四《职官志》："太仆，自元帝渡江之后或省或置。太仆省，故骅骝为门下之职。"（第736—737页）
③ 《宋书》卷四十《百官志下》："骅骝厩丞，一人。"（第1244页）
④ 《南齐书》卷十六《百官志》："内外骅骝厩丞各一人。"（第322页）
⑤ 李林甫等：《唐六典》卷十七《太仆寺·典厩署》本注："（东晋）哀帝时，省骅骝为门下之职。宋、齐因之。"（第483页）
⑥ 《隋书》卷二十六《百官志上》，第725页。

附考二　魏晋南朝的车府令

西汉太仆属官中有"车府、路軨、骑马、骏马四令丞"①，安作璋、熊铁基在《秦汉官制史稿》中说："这几个官似乎是按分工不同而举出的代表，车府、路軨主要是管车的，骑马、骏马当然是管马。"②秦始皇时赵高曾经任车府令，《史记》卷八十八《蒙恬列传》："赵高昆弟数人，皆生隐宫，其母被刑僇，世世卑贱。秦王闻高彊力，通于狱法，举以为中车府令。"后来始皇三十七年（前210年）十月，行出游会稽，并海上，北抵琅琊，"丞相（李）斯、中车府令赵高兼行符玺令事，皆从"③。这里的中车府令就是车府令，"中"当指内廷官，《汉书》卷三十《艺文志》中说："《爰历》六章者，车府令赵高所作也。"

东汉太仆属官有车府令一人，六百石，《后汉书》志第二十五《百官二》本注曰："主乘舆诸车。"车府令应当是随车驾而出的，并负有保护车驾、防止犯禁的责任。《后汉书》卷二十七《吴良传》："永平中，车驾近出，而信阳侯阴就干

---

① 班固：《汉书》卷十九上《百官公卿表上》，第729页。
② 安作璋、熊铁基：《秦汉官制史稿》（上册），齐鲁书社，1984年版，第142页。
③ 司马迁：《史记》卷八十七《李斯列传》，中华书局，1959年版，第2547页。

突禁卫,车府令徐匡钩就车,收御者送狱,诏书谴匡,匡乃自系。"吴良时为议郎,上言曰:

> 信阳侯就倚恃外戚,干犯乘舆,无人臣礼,为大不敬。匡执法守正,反下于理,臣恐圣化由是而弛。

此外,在国家有重大仪式需皇帝或皇后出行前,车府令负责"设卤簿驾",《后汉书》志第四《礼仪上》"先蚕条"注引丁孚《汉仪》中提到:"皇后出,乘鸾辂,青羽盖,驾驷马,龙旂九旒,大将军妻参乘,太仆妻御,前鸾旂车,皮轩阗戟,洛阳令奉引,亦千乘万骑。车府令设卤簿驾,公、卿、五营校尉、司隶校尉、河南尹妻皆乘其官车,带夫本官绶,从其官属导从皇后。"所谓"设卤簿驾",当指皇帝或皇后出行时所需各种车辆的提供及其次第的安排。《后汉书》卷十下《皇后纪第十下·孝崇匽皇后纪》载桓帝元嘉二年(152年)匽皇后崩,使"中谒者仆射典护丧事,侍御史护大驾卤簿",章怀注引《汉官仪》曰:"天子车驾次第谓之卤簿。有大驾、法驾、小驾。大驾公卿奉引,大将军参乘,太仆御,属车八十一乘,备千乘万骑,侍御史在左驾马,询问不法者。"

魏、西晋时期,车府令承汉属太仆①。东晋省太仆,车

---

① 《晋书》卷二十四《职官志》,太仆属官中有车府令。

府令转隶尚书驾部①,南朝时期,据《唐六典》卷十七《太仆寺·车府署》本注中说:

> 汉太仆属官有车府令、丞,后汉主乘舆车,魏、晋因之。宋、齐、梁、陈并尚书驾部领。②

可知整个南朝时期车府令均由尚书驾部领。尚书驾部的情况,东汉尚书三十四曹郎当中有驾部与否不能得知,曹魏时期二十三曹郎当中有驾部郎③。到西晋初期,又有驾部尚书,武帝咸宁二年(276年),"省驾部尚书",四年(278年)"省一仆射,又置驾部尚书"④,太康时又省⑤。对于晋初省置驾部尚书的问题,王素先生在《三省制略论》中认为:"西晋初承东汉旧制,仍以一令一仆六尚书为八座,直到太康元年才依'旧'置两仆射。既知如此,则咸宁中省置仆、

---

① 《宋书》卷三十九《百官志上》:"车府令,一人。丞一人。秦官也。二汉、魏、晋并隶太仆。太仆既省,隶尚书驾部。"(第1238页)
② 李林甫等:《唐六典》,第485页。
③ 《晋书》卷二十四《职官志》:"至魏,尚书郎有殿中、吏部、驾部、金部、虞曹、比部、南主客、祠部、度支、库部、农部、水部、仪曹、三公、仓部、民曹、二千石、中兵、外兵、都兵、别兵、考功、定课,凡二十三郎。"(第732页)
④ 《晋书》卷二十四《职官志》,第730页。
⑤ 杜佑:《通典》卷二十二《职官·尚书上·历代尚书》中说:"晋初有吏部、三公、客曹、驾部、屯田、度支六曹。太康有吏部、殿中、五兵、田曹、度支、左民,为六曹尚书。"书中小字本注:"无驾部、三公、客曹。"(第602页)

尚二事均可视作子虚乌有。且'驾部'应改成'五兵',与吏部、三公、客曹、屯田、度支共成六尚书之数。"在注释中他又补充说:

> 按"驾部"自魏迄隋唐,除北魏早期外,均为郎曹,未曾升为尚书曹,故不当入尚书。而晋初酝酿伐吴,"五兵尚书"在所必置,岂曰"无"?据《晋书》卷四四《石鉴传》:鉴于太康前"转尚书,时秦凉为虏所败,遣鉴都督陇右诸军事"。此都督军事的"尚书"一般应该是五兵尚书。①

事实是否如此,并没有确凿的证据,王素先生的结论也是一种推测。虽然驾部尚书省置无常,但尚书驾部郎当一直存在。

整个魏晋南朝期间,史书可考曾任尚书驾部郎者有:刘亮(《宋书》卷四十五《刘粹传》)、孔道穰(《宋书》卷五十四《孔季恭传》)、王晔(《宋书》卷六十《王韶之传》)、庾杲之(《南齐书》卷三十四《庾杲之传》)、张冲(《南齐书》卷四十九《张冲传》)、刘怀慰(《南齐书》卷五十三《良政·刘怀慰传》)、沈宪(《南齐书》卷五十三《良政·沈宪传》)、江淹(《梁书》卷十四《江淹传》)、

---

① 王素:《三省制略论》,齐鲁书社,1986年版,第12页。

明山宾（《梁书》卷二十七《明山宾传》）、江革（《梁书》卷三十六《江革传》）、刘杳（《梁书》卷五十《文学传下·刘杳传》）、沈瑀（《梁书》卷五十三《良吏·沈瑀传》）、姚察（《陈书》卷二十七《姚察传》）、谢贞（《陈书》卷三十二《孝行·谢贞传》），此十四人与车府之关系均不可考。

车府既掌乘舆诸车，则专供御于皇帝，常人觊觎则属僭拟，《宋书》卷八十三《黄回传》载萧道成虑回终为祸乱，表奏其罪状就说："……及至还都，纵恣弥甚，先朝御服，犹有二舆，弓剑遗思，尚在车府，回遂启求，以拟私用，僭侮无厌，罔顾天极。"此外，车府还有工人，应当负责御车的制造及装饰，齐明帝即位之初，为表宽大，就曾诏"细作中署、材官、车府，凡诸工，可悉开番假，递令休息"[①]。后又诏"车府乘舆有金银饰校者，皆剔除"，以笼民心。

---

① 《南齐书》卷六《明帝纪》，第86页。

附考三 魏晋南朝的乘黄令

乘黄，古神马名，《史记》卷一一七《司马相如列传》载司马相如上武帝《封禅书》中有言："招翠黄乘龙於沼。"《集解》引《汉书音义》曰："翠黄，乘黄也。龙翼马身，黄帝乘之而登仙。"《索隐》引《周书》云："乘黄似狐，背上有两角。"又《唐六典》卷十七《太仆寺·乘黄署》本注说："乘黄，古神马名，亦曰飞黄，背有角，日行万里。《六韬》云：'乘黄震死。'《淮南子》云：'天下有道，飞黄伏皂。'"①

与骅骝厩相同，乘黄厩也是曹魏时承东汉的未央厩所改，《通典》卷二十五《职官·太仆卿·乘黄署》载："后汉太仆有未央厩令。魏改为乘黄厩。"② 主乘舆及厩中诸马，属太仆，洪饴孙《三国职官表》"乘黄厩令"案语说：

> 《魏都赋》注，邺城西下有乘黄厩。又《武纪》建安十九年注引《献帝起居注》，魏遣乘黄厩令侍送贵人。

---

① 李林甫等：《唐六典》，第480页。
② 杜佑：《通典》，第707页。

则此官盖建国时即置。①

由洪氏所言可知，乘黄厩当在曹操建立魏国时所置，或为与汉厩相区别。

西晋承魏，太仆属官中有乘黄厩令②，东晋时期太仆省置不定，乘黄令所属不详；刘宋时，乘黄令转属太常，"掌乘舆车及安车诸马"③；南齐时期，乘黄令又转属大鸿胪，"掌五辂安车，大行凶器辒辌车"④；萧梁时期，乘黄令又属太常，陈承梁制。此外，南朝乘黄署的具体位置也可考见，据《六朝事迹编类》卷七《宅舍门·乘黄署》载：

> 《舆地志》云：在东府之西北，五辂及朝车凡驾马者之所。去县东北六里。⑤

文中所言之县，当是秣陵县⑥；东府城据《元和郡县图志》卷二十五《江南道一·润州》"上元县"（本金陵地，秦始皇

---

① 洪饴孙：《三国职官表》，表收《后汉书三国志补表三十种》（下册），中华书局，1984年版，第1366页。
② 《晋书》卷二十四《职官志》，第736页。
③ 《宋书》卷三十九《百官志上》，第1229页。
④ 《南齐书》卷十六《百官志》，第319页。
⑤ 张敦颐：《六朝事迹编类》，张忱石点校，上海古籍出版社，1995年版，第91页。
⑥ 谭其骧主编《中国历史地图集》，中国地图出版社，1982年版，第21—22页。

时望气者云:"五百年后,金陵有都邑之气。"故始皇东游以厌之,改其地曰秣陵,堑北山以绝其势)条载:

> 东府城,在县东七里。其地西则简文帝为会稽王时邸第,东则丞相会稽王道子府。谢安薨,道子代领扬州,仍前府舍,故称为东府,而谓扬州廨为西州。谢惠连《祭冥漠君文》,即因修此府之城墙所为也。①

据上可知,乘黄署就在东府城西北与秣陵县东北的交叉点上。

众所周知,舆服之制,是古代尊卑等级最鲜明的体现。周代乘舆有五辂之制,至秦而废,《后汉书》志第二十九《舆服上》载:"秦并天下,阅三代之礼,或曰殷瑞山车,金根之色。汉承秦制,御为乘舆,所谓孔子乘殷之路者也。"可见秦舍弃周代五辂而取殷商金根车为乘舆,汉承秦制。

西晋时期,又制五辂为乘舆,《唐六典》卷十七《太仆寺·乘黄署》"凡乘舆五辂"本注曰:

> 《周礼》:"巾车氏掌王五辂。"有玉、金、象、革、木之制。至秦,唯乘金根车。汉承秦制,以为乘舆。晋

---

① 李吉甫:《元和郡县图志》(下册),贺次君点校,中华书局,1983年版,第596页。

武帝始备五辂，为天子法车。宋、齐、梁、陈相因不绝。①

西晋五辂之制，据《晋书》卷二十五《舆服志》载：

> 玉、金、象、革、木等路，是为五路，并天子之法车，皆朱班漆轮，画为鳞文。三十辐，法月之数；重毂贰辖，以赤油，广八寸，长三尺，注地，系两轴头，谓之飞轮。金薄缪龙绕之为舆倚较，较重，为文兽伏轼，龙首衔轭，左右吉阳筩，鸾雀立衡，鳞文画辕及鞴。青盖，黄为里，谓之黄屋。金华施橑末，橑二十八以象宿。两箱之后，皆玳瑁为鵁翅，加以金银雕饰，故世人亦谓之金鵁车。斜注旌旗于车之左，又加棨戟于车之右，皆橐而施之。棨戟韬以黻绣，上为亚字，系大蛙蟆幡。轭长丈余。于戟之杪，以氂牛尾，大如斗，置左騑马轭上，是为左纛。辕皆曲向上，取《礼纬》"山车垂句"之义，言不揉而能自曲。
>
> 玉、金、象三路，各以其物饰车，因以为名。革者漆革，木者漆木。其制，玉路最尊，建太常，十有二旒，九仞委地，画日月升龙，以祀天。金路建大旂，九旒，以会万国之宾，亦以赐上公及王子母弟。象路建大

---

① 李林甫等：《唐六典》，第480页。

> 赤，通赤无画，所以视朝，亦以赐诸侯。革路建大白，以即戎兵事，亦以赐四镇诸侯。木路建大麾，以田猎，其麾色黑，亦以赐藩国。玉路驾六黑马，余四路皆驾四马，马并以黄金为文髦，插以翟尾。象镳而镂锡，金犙而方钪，繁缨赤罽易茸，金就十有二。五路皆有锡鸾之饰，和铃之响，钩膺玉瓖，龙辀华轵朱幩。法驾行则五路各有所主，不俱出；临轩大会则陈乘舆车辇旌鼓于其殿庭。

文中所说的玉、金、象、革、木五辂，各有所象，形饰繁富，寓意宏深。玉辂最尊，"以祀天"；金辂"以会万国之宾，亦以赐上公及王子母弟"；象辂"所以视朝，亦以赐诸侯"；革辂"以即戎兵事，亦以赐四镇诸侯"；木辂"以田猎，其麾色黑，亦以赐藩国"；玉辂驾六马，其余四辂则驾四马。"法驾行则五辂各有所主，不俱出。"西晋五辂之外，天子之车复有五时副车（即青立车、青安车、赤立车、赤安车、黄立车、黄安车、白立车、白安车、黑立车、黑安车，合十乘，名为五时车，俗谓之五帝车。见《晋书》卷二十五《舆服志》）、金根车、耕根车、辇、戎车、猎车、游车、云罕车、皮轩车、鸾旗车、建华车、轻车、司南车、记里鼓车、羊车、画轮车等，这些车皆皇帝所御，贵为王公大人也不能逾制，如《晋书》卷三十一《后妃上·胡贵嫔传》载："时帝多内宠，平吴之后复纳孙皓宫人数千，自此掖庭殆将万人，而并宠者甚众，帝莫知所适，常乘羊车，恣其所之，至便宴寝。官人乃取竹叶插户，以盐汁洒地，而引帝车。"《南齐书》卷十七《舆服志》载："晋泰始中，中护军羊琇乘羊车，为司隶校尉刘毅所奏。武帝诏曰：'羊车虽无制，非素者所服，免官。'"

刘宋孝武帝大明三年（459年），又使尚书左丞荀万秋改造五辂，"《礼图》，玉路，建赤旂，无盖，改造依拟金根，而赤漆虡画，玉饰诸末，建青旂，十有二旒，驾玄马四，施羽葆盖，以祀。即以金根为金路，建大青旂，十有二旒，驾玄马四，羽葆盖，以宾。象、革、木路，《周官》《舆服志》《礼图》并不载其形段，并依拟玉路，漆虡画，羽葆盖，象饰诸末，建立赤旂，十有二旒，以视朝。革路，建赤旂，十有二旒，以即戎。木路，建赤麾，以田。象、革驾玄，木驾赤，四马"①。旧制，法驾出，五辂各有所主，不俱出也。刘宋大明中，始制五辂俱出。南齐、萧梁也续有改作，但乘舆五辂之制一直沿用至隋唐。

乘黄令与车府令皆掌诸车，其具体分工如何？据《唐六典》卷十七《太仆寺·乘黄署》载：

> 乘黄令掌天子车辂，辨其名数与训驭之法；丞为之贰。②

---

① 《宋书》卷十八《礼志五》，第495页。
② 李林甫等：《唐六典》，第480页。

而同书同卷《太仆寺·车府署》载:

> 车府令掌王公已下车辂,辨其名数与训驭之法;丞为之贰。①

很明显,乘黄令所掌乃天子车辂,而车府令所掌则是王公以下车辂。但这种分工何时形成则不详,很可能魏晋以来即如此。《晋书》卷二十一《礼志下》载晋武帝时期更定元会仪,即《咸宁注》,载:"公置璧成礼时,大行令并赞殿下,中二千石以下同。成礼讫,以贽授贽郎,郎以璧帛付谒者,羔、雁、雉付太官。太乐令跪请奏雅乐,乐以次作。乘黄令乃出车,皇帝罢入,百官皆坐。"又《南齐书》卷十七《舆服志》载宋昇明三年(479年)锡齐王大辂、戎辂各一,"乘黄五辂,无大辂、戎辂。左丞王逡之议……时乘黄无副,借用五辂,大朝临轩,权列三辂",都提到乘黄而非车府。

---

① 李林甫等:《唐六典》,第485页。

第六章　魏晋南朝的卫尉

西汉初年中央禁军分南、北军,"南军领于卫尉,是宫殿内的宿卫兵;北军领于中尉,是京城的拱卫兵"①。北军变化较大,汉武帝时期置北军八校尉,"中垒校尉掌北军垒门内,外掌西域。屯骑校尉掌骑士。步兵校尉掌上林苑门屯兵。越骑校尉掌越骑。长水校尉掌长水宣曲胡骑。又有胡骑校尉,掌池阳胡骑,不常置。射声校尉掌待诏射声士。虎贲校尉掌轻车。凡八校尉,皆武帝初置,有丞、司马"②。到光武帝时期又省并八校而为五营,省虎贲入射声,省胡骑入长水,又省中垒校尉而置北军中候,掌监五营。卫尉所领的南军历两汉基本无大的变化③。

---

① 何兹全:《魏晋的中军》,文收氏著《读史集》,上海人民出版社,1982年版,第242页。
② 《汉书》卷十九上《百官公卿表上》,第737—738页。
③ 此外禁卫军中还有光禄勋所领的郎卫及虎贲、羽林等宫殿宿卫军,这一系统当不属南军。(参黄今言:《汉代期门羽林考释》,《历史研究》1996年第2期)

卫尉，"秦官，掌宫门卫屯兵"①，及"宫中徼循事"②。这里包含两层意思，其一是宫门的守卫，其二是宫内的徼循。《汉官六种·汉官解诂》中记载有卫尉掌殿门及宫中宿卫的情形："卫尉主宫阙之内，卫士于垣下为庐，各有员部。凡居宫中者，皆施籍于门，案其姓名。若有医巫僦人当入者，本官长吏为封启传，审其印信，然后内之。人未定，又有籍，皆复有符。符用木，长二寸，以当所属两字为铁印，亦太卿炙符，当出入者，案籍毕，复齿符，乃引内之。其有官位得出入者，令执御者官，传呼前后以相通。从昏至晨，分部行夜，夜有行者，辄前曰：'谁？谁？'如此不懈，终岁更始，所以重慎宿卫也。"③

与光禄勋掌守宫内诸殿门的宿卫不同，卫尉主要负责守卫宫门及宫中的巡逻，他们二者共同构成整个皇宫内部的警卫体系。④ 卫尉寺与光禄勋的官署一样同在宫内，但与光禄勋所统的郎官不同，卫尉所统的宿卫之士称"卫士"，西汉的卫士一般是从郡国正卒中选拔。

西汉卫尉的属官有公车司马、卫士、旅贲三令丞，其中卫士三丞，此外还有诸屯卫候、司马等二十二官。

东汉省旅贲令，卫士令则分为南、北宫各一人，南宫卫

---

① 班固：《汉书》卷十九上《百官公卿表上》，第728页。
② 《后汉书》志第二十五《百官二》，第3579页。
③ 孙星衍等辑：《汉官六种》，周天游点校，中华书局，1990年版，第14页。
④ 杨鸿年：《汉魏制度丛考》，武汉大学出版社，2005年版，第22—26页。

第六章 魏晋南朝的卫尉

士令掌南宫卫士，北宫卫士令掌北宫卫士。诸屯卫候、司马等二十二官逐渐演变为有固定职掌的左、右都候及七门司马。

第一节 魏晋时期的卫尉

东汉时期，中央的禁卫军主要包括北军五校以及卫尉所统的卫士、光禄勋属下的虎贲和羽林，此外还有负责京城治安的执金吾和负责洛阳城十二门的城门校尉，形成以洛阳城内宫殿为中心，由里到外的禁卫系统；在此系统中卫尉主掌宫门卫屯兵及宫中徼循事。东汉末年的黄巾起义以及此后的军阀混战使得和平时期的禁卫系统产生诸多变化，特别是曹操霸府所孕育着的新的禁卫军制，使原有的禁卫诸卿职能衰落，性质也随之改变。[1]

曹魏时期中央的禁卫军，主要由领军将军（中领军）和护军将军（中护军）统领；领军将军"主五校、中垒、武卫等三营"[2]，主要负责宫城内的宿卫，其中武卫营的前身就是曹操的贴身侍卫集团虎豹骑[3]，武卫将军在曹魏前期（司马

---

[1] 张金龙：《魏晋南北朝禁卫武官制度研究》（上册），中华书局，2004年版，第66—95页。
[2] 《晋书》卷二十四《职官志》，第740页。
[3] 何兹全：《魏晋的中军》，文收氏著《读史集》，上海人民出版社，1982年版，第242—268页。

氏专政之前），更是负责殿内宿卫的重要武官。护军将军"掌外军"，即负责统领宫城外的禁卫军队，曹魏时期"主武官选，隶领军"，"晋世则不隶"①。因此曹魏时期的领、护将军基本上取代了汉代光禄勋和卫尉以及北军（西汉八校东汉五校）甚至执金吾的宿卫职能。因此钱大昕《廿二史考异》卷二十《晋书三·职官志》按曰：

> 《宋志》："汉有南北军卫京师；武帝置中垒校尉，掌北军营；光武省中垒校尉，置北军中候，监五校营；魏武为丞相，相府自置领军，非汉官也。"盖领军即汉北军中候之职。但汉之中候秩止六百石，魏晋以后之领军，则以贵臣为之。自领、护之权重，而执金吾遂废不置，卫尉亦为闲曹矣。②

钱氏言魏晋后卫尉为闲曹，当是不争的史实。建安二十二年（217年），魏国初置卫尉官，魏文帝黄初以后因之，据洪饴孙《三国职官表》时任卫尉可考者有十人，均不见其与宿卫之痕迹，其中辛毗明帝时为侍中，"时中书监刘放、令孙资见信于主，制断时政，大臣莫不交好，而毗不与往来"，后冗从仆射毕轨表以毗代尚书仆射王思，帝以访放、资，放、

---

① 《晋书》卷二十四《职官志》，第740页。
② 钱大昕：《廿二史考异》，方诗铭、周殿杰校点，上海古籍出版社，2004年版，第357页。

资阻梗，"遂不用。出为卫尉"①。正说明卫尉为闲曹。而程昱为卫尉时年近八十②，董昭也在七十左右③；田豫为卫尉，"屡乞逊位"，司马懿不同意，豫书答曰："年过七十而以居位，譬犹钟鸣漏尽而夜行不休，是罪人也。"④ 可见当时卫尉不仅为闲曹，更成冗散了。

西晋卫尉当承魏制，《晋书》卷二十四《职官志》载："卫尉，统武库、公车、卫士、诸冶等令，左右都候，南北东西督冶掾。"其中武库在东汉本属执金吾，执金吾于晋初罢废⑤，武库令转属卫尉。惠帝元康五年（295年）冬十月，"武库火，焚累代之宝"，时任卫尉的孙旂，因此而免官⑥。

公车令、卫士令及左、右都候，当承自东汉。公车令又称公车司马令，"掌殿司马门，夜徼宫中，天下上章、四方贡献及阙下凡所征召公车者，皆总领之"⑦。《晋书》卷三十四《羊祜传》载："文帝为大将军，辟祜，未就，公车征拜

---

① 《三国志》卷二十五《魏书·辛毗传》，第698页。
② 《三国志》卷十四《程昱传》："文帝践阼，复为卫尉，……方欲以为公，会薨，帝为流涕，追赠车骑将军，谥曰肃侯。"（第429页）注引《魏书》曰："昱时年八十。"
③ 《三国志》卷十四《董昭传》载昭："明帝即位，进爵乐平侯，邑千户，转卫尉。"又载："昭年八十一薨，谥曰定侯。"（第442页）可知董昭于明帝即位之初任卫尉，又于明帝期间薨，薨时八十一，明帝在位十三年，推知昭为卫尉时当在七十上下。
④ 《三国志》卷二十六《田豫传》，第729页。
⑤ 《通典》卷二十八《职官十·左右金吾卫》载执金吾，"晋初罢"。
⑥ 《晋书》卷六十《孙旂传》载："（孙旂）永熙中，征拜太子詹事，转卫尉，坐武库火，免官。"（第1633页）
⑦ 《通典》卷二十五《职官七·卫尉卿》，第702页。

中书侍郎，俄迁给事中、黄门郎。"汉代公车令不仅主吏民上章及皇帝征召，诸所过公车司马门者都应下车，不然则有惩罚。东汉公车令有尉一人，"主阙门兵禁，戒非常"①。《三国志》卷十九《魏书·曹植传》载："植尝乘车行驰道中，开司马门出，太祖大怒，公车令坐死。"可见魏晋时期公车令依然负有此项责任。

东汉有南、北宫卫士令各一人；左、右都候"主剑戟士，徼循宫，及天子有所收考"②。魏晋时期卫尉已无宿卫职能，卫士令及左、右都候的情况已不详，其中左、右都候《通典》认为东汉以后已不复存在③。

除以上承汉所置之官外，西晋卫尉又统诸冶令及南北东西督冶掾。东汉铁官皆属郡国，"凡郡县出盐多者置盐官，主盐税。出铁多者置铁官，主鼓铸"。汉末丧乱，矿冶业一度陷于停顿，曹操在平定冀州之后，首先在河北设置冶铁机构，设司金中郎将、司金都尉、监冶谒者等官。王修曾任司金中郎将，《三国志》卷十一《魏书·王修传》载太祖礼辟修为司空掾，"行司金中郎将，迁魏郡太守"，裴注引《魏略》载修为司金中郎将，陈黄白异议，曹操非常赞赏，其在与王修书中说：

---

① 《后汉书》志第二十五《百官二》本注，第3579页。
② 《后汉书》志第二十五《百官二》本注，第3579页。
③ 《通典》卷二十五《职官七·卫尉卿》"左、右都候"条："后汉各一人，主……，属卫尉。后无。"（第702页）

> （王修）以军师之职，间于司金，至于建功，重于军师。孤之精诚，足以达君。君之察孤，足以不疑。但恐傍人浅见，以蠡测海，为蛇画足，将言前后百选，辄不用之，而使此君沉滞冶官。张甲李乙，尚犹先之，此主人意待之不优之效也。

可见司金中郎将是为冶官，同时也能看出战时盐、铁对于曹操的重要性。《三国志》卷二十四《魏书·韩暨传》载暨："后迁乐陵太守，徙监冶谒者。旧时冶，作马排，每一熟石用马百匹；更作人排，又费功力；暨乃因长流为水排，计其利益，三倍于前。在职七年，器用充实。制书褒叹，就加司金都尉，班亚九卿。"① "监冶谒者"应当就是西晋督冶掾的前身，关于曹操设置这些官职的原因，唐长孺先生认为："曹操重又将盐铁置于中央直接控制之下，在铁冶方面主要是为了对于停废了的铁冶业得以迅速恢复，使自己能够获得足够的武器，与充分供给分布各地而直属中央的屯田民以足够的农具；与之相关的则是通过兵器、农具铸造权之统一而防止地方势力的扩大。"②

---

① 据杨宽考证，韩暨所改进的水排，是在南阳杜诗所推广的水排的基础上进行的，是卧轮式水排，"其基本作用，是使水流所激动的卧轮的回转运动改变为直线的往复运动，从而使鼓风器不断地起鼓风作用。"（杨宽：《中国古代冶铁技术发展史》，上海人民出版社，2004年版，第111页）
② 唐长孺：《魏、晋至唐官府作场及官府工程的工匠》，文收氏著《魏晋南北朝史论丛续编》，河北教育出版社，2000年版，第473页。

西晋时期，卫尉"领冶令三十九，户五千三百五十。冶皆在江北，而江南唯有梅根及冶塘二冶，皆属扬州，不属卫尉"①。

东晋立国江南，在失去江北诸冶的情况下，卫尉存在的意义有限，"及渡江，省卫尉"②，成为九卿当中最早省废的一个。

第二节　南朝时期的卫尉

东晋不置卫尉，南朝刘宋孝武帝起事诛元凶时复置卫尉官，以宗室刘恢为之，据《宋书》卷六十八《南郡王义宣传附子恢传》载：

> 恢至新亭，即除侍中。俄迁侍中、散骑常侍、西中郎将、湘州刺史。义宣并领湘州，转恢侍中，领卫尉。晋氏过江，不置城门校尉及卫尉官，世祖欲重城禁，故复置卫尉卿。卫尉之置，自恢始也。

可见世祖复置卫尉官是"欲重城禁"，意在负责城门的守卫，应具汉代城门校尉的职能，《通典》卷二十一《职官三·侍

---

① 《宋书》卷三十九《百官志上》，第1230页。
② 《晋书》卷二十四《职官志》，第736页。

中》"城门郎"条载:"元帝省之（城门校尉），宋齐俱以卫尉掌宫城屯兵及管钥之事。"《宋书》卷一〇〇《自序》载沈伯玉为卫尉丞，"旧制车驾出行，卫尉丞直门，常戎服"。又《南齐书》卷二十六《王敬则传》载刘宋末年苍梧昏虐，为左右杨玉夫等所殒之后，敬则从太祖（萧道成）入宫，"至承明门，门郎疑非苍梧还，敬则虑人觇见，以刀环塞窒孔，呼开门甚急。卫尉丞颜灵宝窥见太祖乘马在外，窃谓亲人曰:'今若不开内领军，天下会是乱耳。'门开，敬则随太祖入殿"。都能说明卫尉职负城门禁卫。因此，卫尉的重要性也有所提升，如世祖孝武帝临崩，颜师伯受遗诏辅幼主，"尚书中事，专以委之。废帝即位，复还即真，领卫尉"①。明帝即位之初，四方反叛，蔡兴宗也以尚书右仆射领卫尉；后明帝崩，又遗诏以萧道成为右卫将军，"领卫尉，加兵五百人。与尚书令袁粲、护军褚渊、领军刘勔共掌机事"②。

萧齐时期亦是如此，当时许多重臣或任或领此职，如褚渊、柳世隆（后未拜）、陈显达、李安民、胡谐之、萧颖胄、王晏、萧谌、萧坦之、刘暄、萧懿等③。当时卫尉职任繁重，安陆王缅于武帝永明九年（491年）卒，萧鸾与缅少相友爱，"时为仆射，领卫尉，表求解卫尉，私第展哀，诏不许"④。

---

① 《宋书》卷七十七《颜师伯传》，第1995页。
② 《南齐书》卷一《高帝纪》，第7页。
③ 参《南齐书》各人本传。
④ 《南齐书》卷四十五《宗室·安陆昭王缅传》，第795页。

又齐明帝时褚渊以尚书右仆射领卫尉，"渊以母年高羸疾，晨昏须养，固辞卫尉，不许"①。明帝临崩，遗诏曰："徐令可重申八命，中书监本官悉如故，沈文季可左仆射，常侍护军如故，江祏可右仆射，江祀可侍中，刘暄可卫尉。军政大事委陈太尉，内外众事无大小委徐孝嗣、遥光、坦之、江祏，其大事与沈文季、江祀、刘暄参怀。心膂之任，可委刘悛、萧惠休、崔惠景。"②后来东昏失德，江祏始欲立江夏王宝玄，后又回惑，谋立始安王遥光，"遥光又遣亲人刘沨密致意于朓，欲以为肺腑。朓自以受恩高宗，非沨所言，不肯答。少日，遥光以朓兼知卫尉事，朓惧见引，即以祏等谋告左兴盛，兴盛不敢发言"③。后遥光闻知，即收谢朓下狱而死。遗诏及政变时卫尉一职皆作为重要考量，其地位从中可见。

萧梁时期，卫尉之重要性与宋、齐不异，据张金龙先生考证："卫尉卿与领、护、左右卫系统禁卫长官以及东宫禁卫长官之间的迁转比较普遍，表明其职能相近；卫尉卿与侍中、散骑常侍、给事中等内侍文官亦多兼任，显示其在宫内任职。梁代卫尉卿担任者主要有三类人，即梁武帝元从亲

---

① 《南齐书》卷二十三《褚渊传》，第426页。
② 《南齐书》卷六《明帝纪》，第91页。
③ 《南齐书》卷四十七《谢朓传》，第827页。

信，宗室，外戚；宗室、外戚亦多属元从亲信。"① 陈朝的情况基本与萧梁同。

东晋不置卫尉，其属下的武库令，很有可能转隶尚书库部，因宋、齐时期，武库令属尚书库部②，或当承东晋之旧。萧梁天监改制后，复属卫尉③。陈承梁制。

公车令，东晋不详，刘宋时期属侍中④，南齐则"属起部，亦属领军"⑤。梁、陈属卫尉。

此外，《宋书》卷三十九《百官上》载有东冶、南冶令各一人，每令有丞，"江左以来，省卫尉，度隶少府。宋世虽置卫尉，冶隶少府如故。江南诸郡县有铁者或置冶令，或置丞，多是吴所置"。

---

① 张金龙：《魏晋南北朝禁卫武官制度研究》（下册），中华书局，2004年版，第588页；同样文字亦见于其专文：《南朝卫尉及其职掌考述》，《南京社会科学》2004年第4期。
② 《宋书》卷三十九《百官志上》："武库令，一人。掌军器，秦官。至二汉，属执金吾。晋初罢执金吾，至今隶尚书库部。"（第1238页）《南齐书》卷十六《百官志》："武库令一人，属库部。"（第321—322页）
③ 《隋书》卷二十六《百官志上》载："卫尉卿，位视侍中，掌宫门屯兵。卿每月、丞每旬行宫徼，纠察不法。统武库令、公车司马令。"（第725页）
④ 《宋书》卷四十《百官志下》："自公车令至此，隶侍中。"（第1244页）
⑤ 《南齐书》卷十六《百官志》，第322页。

附　考　魏晋南朝的武库

一

汉代负责京城治安的机构为执金吾，其属官有武库令一人，六百石，"主兵器，有丞一人"①。武库令当仅负责静态保藏，至于兵器的制造则由太仆属官考工来完成，《后汉书》志第二十五《百官二》考工令本注曰："主作兵器弓弩刀铠之属，成则传执金吾入武库，及主织绶诸杂工。左右丞各一人。"

东汉洛阳武库的具体位置，据王仲殊先生考证："在北宫的东北方，紧靠城的东北角，则是太仓和武库之所在。"②且武库在太仓之南，但《后汉书》卷二十二《坚镡传》载："（镡）与诸将攻洛阳，而朱鲔别将守东城者为反间，私约镡晨开上东门。镡与建义大将军朱祐乘朝而入，与鲔大战武库下，杀伤甚众，至旦食乃罢，朱鲔由是遂降。"章怀注曰：

《洛阳记》曰："建始殿东有太仓，仓东有武库，藏

---
① 《后汉书》志第二十七《百官四》本注，第3606页。
② 王仲殊：《汉代考古学概说》，中华书局，1984年版，第21页。

兵之所。"

此处章怀所注或当有误，其以曹魏时期洛阳的武库误植于东汉。建始殿为曹操所建，《后汉书》志第十四《五行志二·草妖》："中平中，长安城西北六七里空树中，有人面生鬓。"刘昭注引《魏志》曰：

> 建安二十五年正月，曹公在洛阳，起建始殿，伐濯龙树而血出。又掘徙梨，根伤而血出。曹公恶之，遂寝疾，是月薨。

又《三国志》卷一《魏书·武帝纪》载建安二十五年（220年）春正月，曹操至洛阳，"庚子，王崩于洛阳，年六十六"。裴注引《世语》曰：

> 太祖自汉中至洛阳，起建始殿，伐濯龙祠而树血出。

可见建始殿始建于建安二十五年（220年）。《三国志》卷二《魏书·文帝纪》载黄初元年（220年），"十二月，初营洛阳宫，戊午，幸洛阳"。注裴松之案曰：

> 诸书记是时帝居北宫，以建始殿朝群臣，门曰承

明,陈思王植诗曰"谒帝承明庐"是也。至明帝时,始于汉南宫崇德殿处起太极、昭阳诸殿。

则是魏文帝时期建始殿还作为朝会群臣的正殿,《三国志》卷十七《魏书·张辽传》载:"黄初二年,辽朝洛阳宫,文帝引辽会建始殿,亲问破吴意状。"

至于东汉洛阳的武库,或许已在汉末战乱中焚毁,《后汉书》卷九《献帝纪》载董卓逼献帝迁长安之后,"焚洛阳宫庙及人家",这场大火"三日不绝,京都为丘墟矣",建安元年(196年)献帝返回洛阳时,"宫室烧尽,百官披荆棘,依墙壁间"[①]。估计武库也未能幸免。

武库是精兵所在,《三国志》卷六《董卓传》:"卓既率精兵来,适值帝室大乱,得专废立,据有武库甲兵,国家珍宝,威震天下。"

二

曹魏时期,许昌和洛阳各有武库,《晋书》卷十四《地理志上·豫州》"许昌":

> 汉献帝都许。魏禅,徙都洛阳,许宫室、武库存

[①] 范晔撰,李贤等注:《后汉书》卷九《献帝纪》,中华书局,1965年版,第379页。

焉,改为许昌。

《通鉴》卷七十五"邵陵厉公嘉平元年(249年)"记"高平陵之变"时,桓范对曹羲说:"卿别营近在阙南,洛阳典农治在城外,呼召如意。今诣许昌,不过中宿,许昌别库,足相被假;所忧当在谷食,而大司农印在我身。"胡三省注曰:"许昌别库贮兵甲;洛阳有武库,故曰别库。"

洛阳的武库曾在魏明帝时毁而复建。据《三国志》卷二十二《魏书·陈群传》载,青龙中明帝营治宫室,陈群上疏曰:"夫人之所欲,莫不有辞,况乃天王,莫之敢违。前欲坏武库,谓不可不坏也;后欲置之,谓不可不置也。"后"高平陵政变"时,司马懿部勒兵马,"先据武库,遂出屯洛水浮桥"[1]。

西晋惠帝元康五年(295年),"冬十月,武库火,焚累代之宝。十二月丙戌,新作武库,大调兵器"[2]。《晋书》卷三十六《张华传》载:"武库火,华惧因此变作,列兵固守,然后救之,故累代之宝及汉高斩蛇剑、王莽头、孔子屐等尽焚焉。"时任卫尉的孙旂,因此而免官。

刘宋时期建康城有南北二武库,《宋书》卷七十九《桂阳王休范传》载其发兵反,朝廷震动:"时事起仓卒,不暇得更处分,开南北二武库,随将士意取。"

---

[1] 《三国志》卷九《魏书·曹爽传》,第286页。
[2] 《晋书》卷四《惠帝纪》,第93页。

武库不仅是兵器库，国家的历代珍宝也收藏其中，甚至包括罪大恶极之人的头颅，《宋书》卷七十四《臧质传》载世祖孝武帝时，臧质反叛被杀，传首京师，录尚书江夏王义恭、左仆射宏等奏曰："臧质底弃下才，而藉遇深重，穷愚悖常，构煽凶逆，变至滔天，志图沔夏，违恩叛德，罪过恒科。枭首之宪，有国通典，惩戾思永，去恶宜深。臣等参议，须辜日限竟，使依汉王莽事例，漆其头首，藏于武库。庶为鉴戒，昭示将来。"诏可。《梁书》卷五十六《侯景传》："及景首至江陵，世祖命枭之于市，然后煮而漆之，付武库。"又《陈书》卷五《宣帝纪》，太建五年（573年）诏曰："古者反噬叛逆，尽族诛夷，所以藏其首级，诫之后世。比者所戮止在一身，子胤或存，枭悬自足，不容久归武库，长比月支。恻隐之怀，有仁不忍。维熊昙朗、留异、陈宝应、周迪、邓绪等及今者王琳首，并还亲属，以弘广宥。"周一良先生在其《魏晋南北朝史札记·〈陈书〉札记》"敌人首级之保存"条中对此有详细的解说，可以参考。①

国家若有军事方面的举措，武库令则负责配给器甲，而器甲的良窳在实际的战争中与性命直接攸关。《晋书》卷五十七《马隆传》载当时西羌反，武帝派马隆募兵三千五百人征讨，马隆因请自至武库选杖而与武库令忿争，御史中丞奏劾隆，隆曰："臣当亡命战场，以报所受，武库令乃以魏时

---

① 周一良：《魏晋南北朝史札记》，中华书局，1985年版，第293—295页。文中对此风习的产生及加漆保存的原因等都有论述。

朽杖见给,不可复用,非陛下使臣灭贼意也。"《梁书》卷三十九《羊侃传》载侯景逼城,"军人争入武库,自取器甲,所司不能禁,侃命斩数人,方得止"。

武库令,魏武秉政时,属中尉,曹丕即位,改中尉为执金吾,武库令复隶执金吾。

西晋时期,执金吾罢废,武库令转属卫尉;东晋不置卫尉,武库令所属不详。南朝宋、齐时武库转属尚书库部郎,《宋书》卷八十一《顾琛传》载琛为尚书库部郎,"元嘉七年,太祖遣到彦之经略河南,大败,悉委弃兵甲,武库为之空虚。后太祖宴会,有荒外归化人在坐,上问琛:'库中仗犹有几许?'琛诡答:'有十万人仗。'旧武库仗秘不言多少,上既发问,追悔失言,及琛诡对,上甚喜"。梁、陈时复隶卫尉[1]。

---

[1] 《通典》卷二十五《职官七·卫尉卿》。

结　语

　　两汉时期九卿除掌握中央各部门政务及事务的执行权外，还可以通过公卿论议制度参与中枢决策。此外，两汉九卿还具有辟举和荐举的权力，主要表现在：①诸卿有辟举本府掾属的权力；②诸卿有察廉及荐举的权力。而卿府辟召在汉代仕进当中具有相当的重要性。

　　汉魏之际，政治制度有较大变化，特别是这时期三省机构的形成，使得秦汉时期之"三公"逐渐丧失实权，成为虚衔；而西汉诸卿及东汉九卿其职权亦被尚书机构分割取代，地位卑落。西晋时期，尚书台组织基本完备，已取代汉魏三公成为正式的宰相机构。主要表现为：①尚书机构已经有权独立下符、指挥政务，这正是尚书台取代三公成为处理全国政务的宰相机构的证明。②作为宰相机构的尚书台在处理军国要务之时，往往是以"八座"集议的方式进行。所谓"八座"，是指尚书令、仆及六曹尚书，若仆射有二，则为五曹尚书。此取代两汉公卿集议而成为中枢行政决策的重要方式，九卿之参与重大决策的权力至此基本被剥夺。

在尚书台已成为宰相机构的情况下，如何处理尚书与九卿间的关系，西晋之初裴秀、刘颂等人就提出来了改革意见，其中以刘颂的意见最具代表性，他变三公九卿为尚书九卿的观点十分明确。具体方案是分尚书之"众事"以付外寺，使其专之，而尚书为外寺之都统，"若丞相之为"；重大事项"惟立法创制，死生之断，除名流徙，退免大事，及连度支之事，台乃奏处"，其余小事则由九卿断处，"岁终台阁课功校簿而已"，做到政、事分开，权、责明晰，才能动有所成。但此意见并未付诸实施的原因在于：①尚书机构本身尚在不断的调整完善当中，缺乏取代丞相九卿制、形成尚书九卿制的条件。②当时进行改革的阻力较大。因为魏晋以来，九卿权势虽有所衰落，但承两汉余绪，其官位依然秩优禀重，在品级上，九卿皆三品官，而秩禄则为中二千石；要对俸禄优厚且地位较高的九卿进行改革或裁省，并不是一件容易的事情。但也不可否认，西晋时期，九卿之实际地位已被视为"散卿"。

东晋时期，承"永嘉"大乱之余，各种制度较易创革，以此时作为改革的契机较为适当，因此可以对调整官制的诉求予以考虑。同时，因为东晋偏居江南，国家规模不如大一统时期，因此改革官制时精简机构、并官省职的建议被广泛认可。明帝时期温峤最先提出"三省军校无兵者，九府寺署可有并相领者，可有省半者，粗计闲剧，随事减之"的建议,这项建议是否实施不得而知。但东晋之初尚书及九卿确实存在较大规模的机构调整,如太仆、大鸿胪、将作大匠等三卿东晋时期皆有事则置,无事则省。晋穆帝时期,王彪之又提出省并意见,他认为官职众多是造成前去后来迁转不定的原因,而要达到官久其任、吏治澄清的办法就在于精简机构,省并诸职,"职事之修,在于省官;朝风之澄,在于并职。官省则选清而得久,职并则吏简而俗静";并明确提出宗正可并入太常。王彪之提议后不久,东晋权臣桓温也提出类似建议,在提到尚书与九卿之关系时,桓温认为"古以九卿综事,不专尚书",而今"事归内台,则九卿为虚设之位",理应省并;"唯太常、廷尉职不可阙",盖家国宗庙之礼仪是为大事,刑律罪法亦不可废;此外,"若车驾、郊庙、藉田之属,凡诸大事于礼宜置者,临时权兼,事迄则罢",这样才能使官少才精,治道康隆。桓温的意见被采纳,九卿中除东晋初已省并的卫尉、太仆、大鸿胪以及"职不可阙"的太常、廷尉外,其余四卿:光禄勋并入司徒,宗正并入太常,大司农并入都水,少府并入丹阳尹。

但桓温死后,当时主政的尚书令王彪之和尚书仆射谢安就马上恢复了光禄勋、大司农和少府官。其原因在于:①光禄勋、大司农及少府官属下有较多的事务机构,省并之后这些机构无论是转隶司徒或门下,同样会造成职能重叠,权责不分。②光禄勋及少府机构多服务于皇室,并入司徒和丹阳尹之后,其性质明显地改变了,即变皇室机构为政府机构,在某种程度上是置皇室于政府之下。且皇室事务是不可或缺的，桓温以权臣主政，省并较易，在其死后，皇权伸张，这些机构得以恢复也反映了皇室事务的客观需要。

由此可见，进行改革并非简单的并官省职，有些机构是客观的需要，就不能主观裁撤，关键要通过改革调整使各机构权责明确，分工合理，只有这样才能使职有所司，考绩有成。

南朝宋、齐时期，随着尚书机构本身的调整和发展，其内部的隶属关系得以确定，尚书各级职权划分有了明确规定。在这种情况下，尚书机构更加明确了自己的政务职能，而诸卿经过东晋时期的省并调整以及废而复置，也明确了自身的事务职能。在尚书机构内部组织日益完善，列曹尚书与曹郎隶属关系明晰、权责明确的情况下，尚书主政务、九卿主事务的格局大体形成。从晋初刘颂提出改革意见，到南朝宋、齐出现这样的端倪，其间经过了两百年左右的时间。

南朝梁武帝天监年间，对宋、齐以来较为混乱的官制进行改革。其中在卿官方面，恢复东晋、宋、齐时期"有事权置、无事则省"的太仆、大鸿胪、将作大匠为常置，又复置宗正，新增太府、太舟二卿，与此前的太常、大司农、少府、卫尉、廷尉、光禄勋合为十二卿，官名皆加卿字，大鸿胪、大司农、将作大匠更名鸿胪卿、司农卿、大匠卿；并配以四时。

这次改革顺应了南齐以来尚书机构主政务九卿寺监主事

务的历史趋势；十二卿基本上承担了当时国家和皇室的各项事务，与汉代九卿最大的不同就是梁代诸卿纯粹为事务官，不具有政务方面的职能。而在东晋、宋、齐时期卿官当中转属省并的机构几乎全部回归，形成清晰的分工合理的事务部门。

　　天监改革中卿官之班阶高下，也基本是以其历代以来所形成的实际地位进行排列的。这次改制也是有脉络可循的，是东晋、宋、齐以来尚书机构与九卿机构不断调整、不断分工的结果，同时也是实际政务和事务在官制中的反映。我们这里不排除梁武帝有意模仿北魏太和制度，但不应过分夸大；另外，梁武帝的改革具有积极和进步的意义，并非平衡利益分配或门阀为自身及其子弟谋私利，应该给予肯定的正面的评价。

参考资料

一、古籍

［汉］司马迁：《史记》，中华书局，1959 年。

［汉］班固：《汉书》，中华书局，1962 年。

［宋］范晔：《后汉书》，［唐］李贤注，中华书局，1965 年。

［晋］陈寿：《三国志》，中华书局，1959 年。

［唐］房玄龄：《晋书》，中华书局，1974 年。

［梁］沈约：《宋书》，中华书局，1974 年。

［梁］萧子显：《南齐书》，中华书局，1973 年。

［唐］姚思廉：《梁书》，中华书局，1973 年。

［唐］姚思廉：《陈书》，中华书局，1972 年。

［唐］李延寿：《南史》，中华书局，1975 年。

［北齐］魏收：《魏书》，中华书局，1974 年。

［唐］魏徵：《隋书》，中华书局，1973年。

［唐］杜佑撰，王文锦、王永兴、刘俊文等点校：《通典》，中华书局，1988年。

［唐］徐坚等：《初学记》，中华书局，1962年。

［唐］李林甫等撰，陈仲夫点校：《唐六典》，中华书局，1992年。

［唐］许嵩撰，张忱石点校：《建康实录》，中华书局，1986年。

［南朝宋］刘义庆著，［南朝梁］刘孝标注，余嘉锡笺疏，周祖谟、余淑宜、周士琦整理：《世说新语笺疏（修定本）》，上海古籍出版社，1993年。

［梁］萧统编，［唐］李善、吕延济、刘良等注：《六臣注文选》，中华书局，1987年。

［唐］李吉甫撰，贺次君点校：《元和郡县图志》，中华书局，1983年。

［宋］李昉等：《太平御览》，中华书局，1960年。

［宋］司马光编，［元］胡三省音注：《资治通鉴》，中华书局，1956年。

［宋］张敦颐撰，张忱石点校：《六朝事迹编类》，上海古籍出版社，1995年。

［宋］郭茂倩：《乐府诗集》，中华书局，1979年。

［元］马端临：《文献通考》，中华书局，1986年。

［清］顾炎武：《历代宅京记》，中华书局，1984年。

［清］顾炎武著，黄汝成集释，栾保群、吕宗力校点：《日知录集释：全校本》，上海古籍出版社，2006年。

［清］赵翼著，王树民校证：《廿二史札记校证》，中华书局，1984年。

［清］钱大昕：《廿二史考异》，方诗铭、周殿杰校点，上海古籍出版社，2004年。

［清］王鸣盛：《十七史商榷》，黄曙辉点校，上海书店出版社，2005年。

［清］王先谦补注：《汉书补注》，书目文献出版社，1995年影印本。

［清］洪饴孙撰，刘祜仁点校：《三国职官表》，表收《后汉书三国志补表三十种》（下册），中华书局，1984年。

［清］孙星衍等辑，周天游点校：《汉官六种》，中华书局，1990年。

二、著作

安作璋、熊铁基：《秦汉官制史稿》（上册），齐鲁书社，1984年。

卜宪群：《秦汉官僚制度》，社会科学文献出版社，2002年。

陈长琦：《两晋南朝政治史稿》，河南大学出版社，1992年。

陈琳国：《魏晋南北朝政治制度研究》，文津出版社，1994年。

陈明光：《六朝财政史》，中国财政经济出版社，1997年。

陈茂同：《中国历代职官沿革史》，百花文艺出版社，2005年。

陈寅恪：《金明馆丛稿初编》，生活·读书·新知三联书店，2001年。

陈寅恪：《隋唐制度渊源略论稿（外二种）》，河北教育出版社，2002年。

万绳楠整理：《陈寅恪魏晋南北朝史讲演录》，黄山书社，1987年。

陈仲安、王素：《汉唐职官制度研究》，中华书局，1993年。

［日］川胜义雄著，李济沧、徐谷芃译：《六朝贵族制社会研究》，上海古籍出版社，2018年。

葛剑雄主编，冻国栋著：《中国人口史》第二卷《隋唐五代时期》，复旦大学出版社，2002年。

傅筑夫：《中国封建社会经济史》（第三卷），人民出版社，1984年。

高敏：《魏晋南北朝兵制研究》，大象出版社，1998年。

高敏主编《魏晋南北朝经济史（上、下册）》，上海人民出版社，1996年。

［日］宫崎市定著，韩昇、刘建英译：《九品官人法研究——科举前史》，中华书局，2008年。

赵德馨主编，何德章著：《中国经济通史·第三卷》，湖南人民出版社，2002年。

黄惠贤、陈锋主编《中国俸禄制度史》，武汉大学出版社，1996年。

白钢主编，黄惠贤著：《中国政治制度通史·第四卷魏晋南北朝》，人民出版社，1996年。

黄留珠：《秦汉仕进制度》，西北大学出版社，1985年。

何兹全：《读史集》，上海人民出版社，1982年。

廖伯源：《秦汉史论丛》，中华书局，2008年。

廖伯源：《简牍与制度——尹湾汉墓简牍官文书考证（增订版）》，广西师范大学出版社，2005年。

劳榦：《古代中国的历史与文化》，中华书局，2006年。

黎虎：《汉唐外交制度史》，兰州大学出版社，1998年。

黎虎：《魏晋南北朝史论》，学苑出版社，1999年。

卢海鸣：《六朝都城》，南京出版社，2002年。

李剑农：《中国古代经济史稿》，武汉大学出版社，2006年。

刘俊文主编《日本学者研究中国史论著选译》第三卷《上古秦汉》，黄金山、孔繁敏等译，中华书局，1993年。

刘淑芬：《六朝的城市与社会（增订本）》，南京大学出版社，2021年。

吕思勉：《两晋南北朝史》，上海古籍出版社，1983年。

吕思勉：《吕思勉读史札记》，上海古籍出版社，1982年。

马大英：《汉代财政史》，中国财政经济出版社，1983年。

白钢主编，孟祥才著：《中国政治制度通史·第三卷秦汉》，人民出版社，1996年。

潘伟斌：《魏晋南北朝隋陵》，中国青年出版社，2004年。

沈任远：《魏晋南北朝政治制度》，台湾商务印书馆，1971年。

孙毓棠：《孙毓棠学术论文集》，中华书局，1995年。

唐长孺：《魏晋南北朝史论丛（外一种）》，河北教育出版社，2000年。

唐长孺：《魏晋南北朝史论拾遗》，中华书局，1983年。

唐长孺：《魏晋南北朝隋唐史三论：中国封建社会的形成和前期的变化》，武汉大学出版社，1992年。

唐长孺著，朱雷、唐刚卯选编：《唐长孺文存》，上海古籍出版社，2006年。

谭其骧主编《中国历史地图集 第四册：东晋十六国、南北朝时期》，中国地图出版社，1982年。

田余庆：《东晋门阀政治》，北京大学出版社，1989年。

田余庆：《秦汉魏晋史探微（重订本）》，中华书局，2004年。

王超：《中国历代中央官制史》，上海人民出版社，

2005年。

韦庆远、柏桦编著：《中国官制史》，东方出版中心，2001年。

万绳楠：《魏晋南北朝文化史》，东方出版中心，2007年。

王素：《三省制略论》，齐鲁书社，1986年。

吴宗国主编《中国古代官僚政治制度研究》，北京大学出版社，2004年。

汪征鲁：《魏晋南北朝选官体制研究》，福建人民出版社，1995年。

王仲殊：《汉代考古学概说》，中华书局，1984年。

萧涤非：《汉魏六朝乐府文学史》，人民文学出版社，1984年。

徐复观：《两汉思想史》，华东师范大学出版社，2001年。

许辉、蒋福亚主编《六朝经济史》，江苏古籍出版社，1993年。

［日］西嶋定生著，冯佐哲、邱茂、黎潮合译：《中国经济史研究》，农业出版社，1984年。

阎步克：《察举制度变迁史稿》，辽宁大学出版社，1991年。

阎步克：《阎步克自选集》，广西师范大学出版社，1997年。

阎步克：《品位与职位——秦汉魏晋南北朝官阶制度研

究》，中华书局，2009年。

严耕望：《严耕望史学论文选集》，中华书局，2006年。

严耕望：《中国地方行政制度史·魏晋南北朝地方行政制度》，上海古籍出版社，2007年。

杨鸿年：《汉魏制度丛考》，武汉大学出版社，2005年。

杨鸿年、欧阳鑫：《中国政制史（修订版）》，武汉大学出版社，2012年。

杨宽：《中国古代陵寝制度史研究》，上海人民出版社，2003年。

杨宽：《中国古代冶铁技术发展史》，上海人民出版社，2004年。

余鹏飞：《三国经济史》，河南大学出版社，1992年。

郁贤皓、胡可先：《唐九卿考》，中国社会科学出版社，2003年。

周伯棣编著：《中国财政史》，上海人民出版社，1981年。

张承宗、田泽滨、何荣昌等主编《六朝史》，江苏古籍出版社，1991年。

张金龙：《魏晋南北朝禁卫武官制度研究》，中华书局，2004年。

郑学檬主编《中国赋役制度史》，上海人民出版社，2000年。

张旭华：《九品中正制略论稿》，中州古籍出版社，2004年。

周一良:《魏晋南北朝史论集》,北京大学出版社,1997年。

周一良:《魏晋南北朝史札记》,中华书局,1985年。

张一兵:《明堂制度研究》,中华书局,2005年。

祝总斌:《两汉魏晋南北朝宰相制度研究》,中国社会科学出版社,1990年。

曾资生:《中国政治制度史》(第二、三册),重庆南方印书馆,1943年。

《中国军事史》编写组编《中国军事史·第三卷 兵制》,解放军出版社,1987年。

武汉大学魏晋南北朝隋唐史研究室编《魏晋南北朝隋唐史资料(第15辑)》,武汉大学出版社,1997年。

三、期刊

陈芳:《西汉三十六牧苑考》,《人文杂志》2006年第3期。

陈连庆:《汉代兵制述略》,《史学集刊》1983年第2期。

陈明光:《论曹魏财政管理的专职化演变》,《厦门大学学报(哲学社会科学版)》2005年第2期。

陈群:《南朝国子学考略》,《北京电子科技学院学报》2004年第12卷第3期。

陈勇：《刘宋时期的皇权与禁卫军》，《北京大学学报（哲学社会科学版）》1988年第25卷第3期。

陈奕玲：《考议魏晋南朝的将军开府问题》，《西安教育学院学报》1999年第2期。

龚留柱：《秦汉时期军马的牧养和征集》，《史学月刊》1987年第6期。

高敏：《论秦汉时期畜牧业的特征和局限》，《郑州大学学报（哲学社会科学版）》1989年第2期。

何德章：《宋孝武帝上台与南朝寒人之得势》，《西南师范大学学报（哲学社会科学版）》1990年第3期。

何德章：《六朝南方开发的几个问题》，《学海》2005年第2期。

黄今言：《汉代期门羽林考释》，《历史研究》1996年第2期。

何汝泉：《汉唐财政职官体制的三次变革》，《西南师范大学学报（哲学社会科学版）》1997年第1期。

楼劲：《汉—唐诸卿沿革发微》，《青海社会科学》1988年第3期。

楼劲：《唐代的尚书省—寺监体制及其行政机制》，《兰州大学学报（社会科学版）》1988年第2期。

刘静夫：《曹魏屯田官隶属大司农说质疑》，《南充师院学报（哲学社会科学版）》1980年第3期。

陆建伟：《汉代大司农的渊源及其演变》，《首都师范大学学报（社会科学版）》1998年第1期。

米寿祺：《先秦至两汉马政述略》，《甘肃社会科学》1990年第2期。

马志冰：《魏晋南北朝盐铁管理制度述论》，《史学月刊》1992年第1期。

马植杰：《论曹魏典农官的隶属关系和士家的地位》，《史学月刊》1993年第4期。

沈刚：《汉代宗正考述》，《社会科学战线》2002年第1期。

史云贵：《外朝化与边缘化：中国古代光禄勋研究——以秦汉魏晋为主体》，《求索》2006年第1期。

王鑫义：《曹魏民屯与中央政府隶属关系新探》，《甘肃社会科学》1991年第1期。

阎步克：《南北朝的散官发展与清浊异同》，《北京大学学报（哲学社会科学版）》2000年第2期。

袁刚：《汉官太常寺的组织学分析》，《北京理工大学学报（社会科学版）》2002年第4卷第4期。

袁刚：《汉官宗正寺的组织学分析》，《河北科技大学学报（社会科学版）》2002年第2卷第2期。

雍际春：《西汉牧苑考》，《中国历史地理论丛》1996年第2期。

庄春波：《秦汉武库制度》，《史学月刊》1991年第6期。

张金龙：《南朝监局及其军权问题》，《文史哲》2003年第4期。

张金龙：《南朝卫尉及其职掌考述》，《南京社会科学》2004年第4期。

张旭华：《试论国子学的创立与西晋门阀士族的形成》，《郑州大学学报（哲学社会科学版）》1988年第4期。

后 记

2006年,我考进武汉大学历史学院中国三至九世纪研究所,师从何德章先生攻读魏晋南北朝史。武汉大学中国三至九世纪研究所在国内、国际都享有很高的声誉,由我国著名历史学家唐长孺先生组建创办,直到今日还是国内研究魏晋南北朝隋唐史的重镇,里面人才济济、名师如云,能够在这里学习,倍感荣幸。

何师是四川人,温文尔雅、才华横溢,是北京大学著名历史学家田余庆先生的高足,39岁即取得博士生导师资格,在魏晋南北朝史学界大名鼎鼎,特别是在北朝史研究方面成果丰硕,发前人所未发、悟前人所未悟,还领衔修订了中华书局《魏书》点校本。能在何师门下,是我人生中的一件幸事,也是改写我人生命运的关键。

2006—2009年,我聆听了何师很多精彩的教诲,现在回顾,我那时候对历史的认识还不够透彻,因为我读博士之前,攻读的是魏晋南北朝文学,文史虽然相通,但具体起来,还是有方法和套路的不同。"读史使人明智",历史这门学科,要想有所成就,人生体悟的深浅是关键,田余庆先生的《东晋门阀政治》之所以写得炉火纯青,也得益于他丰厚的人生体验。我当时在政治史上的悟性就有些欠缺,政治上的"龙争虎斗"和经济上的"豪门世族",我看得有些"眼花缭乱",很多时候,都是徒然羡慕魏晋名士的风流洒脱,却不能深刻领悟阮籍"穷途之哭"的落寞无奈。

当时何师想让我研究魏晋南北朝婚宦方面的课题,我很有些畏难,于是自作主张选了职官制度,可能我感觉职官制度不需要很多的悟性和灵气,只需要扎扎实实地研究职官表,下点笨功夫,爬梳整理一下就行。我的想法得到了何师的支持,在他的指点教诲下,经过一年多夜以继日的奋战,最终形成了这部书的初稿。遗憾的是当时只对魏晋南朝的九卿制度进行了整理,没有涉及北朝,主要还是历史基础稍差,对于北朝史下的功夫不够,留下了缺憾。

读书那几年,何师待弟子亲如一家人,他保留了前辈大师的风范,把研究生的课堂设在家中,我们两三个学生围坐在餐桌旁,听他引经据典、旁征博引,听得如痴如醉。他对学生倍加爱护,入门伊始,就自己掏腰包送我们每人一套史书,我记得当时我选的是一套中华书局的《晋书》。他还隔三岔五在武大旁边的饭店请我们吃大餐。那时虽然读了博士,但一直是从家门到校门,社会阅历尚浅,放到现在看看,真是惭愧至极,颠倒了师生的礼仪,而那时我们竟愚笨到欣然接受。

三年间，我经常沿着武大秀美的林荫小路，叩门肃立，"登堂入室"，甚至有时在何师家里吃饭。还有何师那乖巧可爱的女儿，那时候三四岁的样子，我经常抱着她陪何师散步，那些温馨的片段浸润心头，历历在目。每逢暑假，何师回家省亲，就把房门的钥匙交在我手上，我在恩师家中住宿、读书，每每回想起来，那是多么简单明快、淳朴无间的师风和学风啊。

我的历史功底相对较差，博士毕业后，没有从事研究工作，而是回到老家河南，进入《河南日报》这个大家庭。《河南日报》是一个大熔炉，卧虎藏龙、名家辈出，在这里我进入了全新的领域。在报社领导和老师的提携帮助下，锻炼了才干，开启了新的事业征途，借助《河南日报》这个厚重的新闻舆论平台，我的眼界、胸怀和格局进一步扩大。我在不少岗位得到历练，付出了心血和汗水，也遇到了青睐自己的伯乐和知己。

时光如水，一晃十几年过去，我毕业两年后，由于家庭的原因，何师调到天津师范大学工作。虽然距离远了，但我心中一直感念他，没有他的教诲，我的人生之路必然更多蹉跌。直到今天，我还保存着何师留给我的精神财富，满身书生气，一颗温良心，不会投机耍滑，不会逢场作戏，最大的爱好还是读书，工作之余，以诗、史自娱。有进步的是，工作十几年，结合人生体验，加上从历史中汲取的智慧，如果现在让我再去研究政治史，或许能够更透彻、更明白。